Dieses
NLP Workbook I
gehört:

_____

**NLP™ Basic
und
NLP™ Practitioner**

NLP Wokbook I
Praxishandbuch für NLP-Basic und NLP-Practitioner
4. Auflage
Copyright © 2022 Benedikt Ahlfeld und Michaela Forstik
www.ZHI.at

Herstellung und Verlag: BoD – Books on Demand, Norderstedt
ISBN: 978-3-743-17843-4

Cover Foto © Jacob Wackerhausen - iStockphoto.com

Bibliografische Information der Deutschen Nationalbibliothek: Die Deutsche Nationalbibliothek verzeichnet diese Publikation in der Nationalbibliografie; detaillierte bibliografische Daten sind im Internet über http://dnb.d-nb.de abrufbar

Die Verwertung der Texte und Bilder, auch auszugsweise, ist ohne Zustimmung der Autoren und des Verlags urheberrechtswidrig und strafbar. Dies gilt auch für Vervielfältigungen, Übersetzungen, Mikroverfilmung und für die Verarbeitung mit elektronischen Medien.

Hinweis
Die Ratschläge und Informationen in diesem Buch sind von den Autoren sorgfältig erwogen und geprüft, dennoch kann eine Garantie für die inhaltliche Richtigkeit nicht übernommen werden. Eine Haftung der Autoren bzw. des Verlages und seiner Beauftragten für Personen-, Sach- und Vermögensschäden ist ausgeschlossen.

Inhaltsverzeichnis

KAPITEL 1: EINFÜHRUNG 7
1.1 Was ist NLP? 8
1.2 Geschichte des NLP 10
1.3 Wie arbeitet NLP? 11
1.3 Wie wende ich NLP an? 12
1.4 Zertifizierung 13
KAPITEL 2: GRUNDLAGEN DES NLP 14
2.1 Einsatzgebiete 14
2.2 Anwendung in der Praxis 16
2.3 Verbände 18
2.4 Kritik an NLP 20
2.5 Ausbildungsstufen 21
KAPITEL 3: NLP-TECHNIKEN 24
3.1 Axiome 24
3.2 Die 4 Stufen der Kompetenz 26
3.3 Metaphorisches Lernen 28
3.4 ISL (Integrated Speed Learning®) 29
3.5 Wahrnehmung und vorbewusste Filter 29
3.6 Repräsentationssysteme 37
3.7 Submodalitäten 39
3.8 Konditionierung 42
3.9 Verhalten 44
3.10 Werte und Glaubenssätze 47
3.11 Die neurologischen Ebenen 49
3.12 Affirmation 52
3.13 Das T.O.T.E. Modell 54
3.14 Ankern 55
3.15 Status 59
3.16 Rapport 63
3.17 Pacing und Leading 65
3.18 Augenzugangshinweise 67
3.19 Elizitieren von Reaktionen 70
3.20 Kalibrieren 71

3.21 Wohlgeformte Ziele 72
3.22 Lern- und Merktechniken 73
KAPITEL 4: GRUNDLAGEN DER HYPNOSE 75
4.1 Geschichte der Hypnose 78
4.2 Trancetiefen 79
4.3 Induktionsmethoden 82
4.4 Die drei Prinzipien der Hypnose 84
4.5 Phänomene 84
4.6 Einsatzgebiete 85
4.7 Anwendung in der Praxis 86
4.8 Verbände 89
4.9 Kritik an Hypnose 90
KAPITEL 5: SPRACHE 92
5.1 Meta-Modell 92
5.1.1 Tilgung 94
5.1.2 Generalisierung 98
5.1.3 Verzerrung 101
5.2 Milton-Modell 105
5.2.1 Tilgungen 105
5.2.2 Semantische Fehlgeformtheiten 107
5.2.3 Generalisierung 109
5.2.4 Vorannahmen 110
5.2.5 Indirekte Auslöser 111
5.3 Meta-Modell-Fragen in der Praxis 113
5.4 Reframing 115
KAPITEL 6: KOMFORTZONE 116
6.1 Der innere Wächter - das limbische System 116
6.2 Warum man die Komfortzone verlassen muss 120
6.3 Selbstvertrauen 124
6.4 Was das Überwinden der eigenen Grenzen bringt 126
6.5 Was das Ausharren in der Komfortzone kostet 129
KAPITEL 7: NLP FORMATE 135
7.1 Ankern 137
7.2 Selbstkalibrierender Ressourcenanker 140
7.3 Moment of Excellence 141
7.4 Anker verketten (Swish) 142
7.5 Anker verschmelzen (Squash) 144

7.6 Ankerketten (mehrstufig) 145
7.7 Gefühle drehen 148
7.8 Teilearbeit & Reframing 150
7.9 Omnidirektionales Chunking 152
7.10 Core Intention 154
7.11 Modelling Fragen 156
7.12 Wohlgeformte Ziele 157
7.13 Timeline und Change History 157
7.14 Disney Strategie 159
7.15 Augenzugangshinweise 161
7.16 Submodalitäten – Shift Erfolg programmieren (inkl. Download) 163
KAPITEL 8: NLP-MODELLE IM ÜBERBLICK 164
8.1 Augenzugangsbewegungen 164
8.2 Analoges Markieren 165
8.3 Ankern 165
8.4 B.A.G.E.L-Modell 166
8.5 Bodenanker 167
8.6 Chaining 167
8.7 Change History 168
8.8 Chunking 168
8.9 Core-Transformation 169
8.10 Diamond-Technik 169
8.11 Disney-Strategie 170
8.12 Familienaufstellung (Systemisches Arbeiten) 170
8.13 Fast-Phobia Cure 170
8.14 Future-Pace 171
8.15 Energiefeld 171
8.16 Leading 172
8.17 Pacen 173
8.18 Mentor-Technik 173
8.19 Meta-Modell 174
8.20 Metaphern 175
8.21 Milton-Modell 176
8.22 Neurologische Ebenen 176
8.23 New Behavior Generator 177
8.24 Öko-Check 177
8.25 Praliné-Muster 178

8.26 Rapid Relaxation Technik 178

8.27 Rapport 179

8.28 Reframing 179

8.29 Repräsentationssysteme 180

8.30 Separieren 180

8.31 Swish-Technik 181

8.32 SMART-Methode 181

8.33 Strategien 182

8.34 Teile-Verhandeln 183

8.35 Time-Line 183

8.36 Trance 184

8.37 VAKOG Modell 185

8.38 Visual Squash 185

8.39 Wahrnehmungspositionen 186

KAPITEL 9: INTEGRATIONSTRANCEN 187

9.1 Kraft der Herkunft 187

9.2 Symbol meiner Kraft 190

9.3 Vision meines Lebens 192

GLOSSAR 194

ANHANG 215

X.I Wissenschaftliche Studien 215

X.II Über die Autoren 219

X.III Unser Angebot für dich 220

Buchempfehlung: Körpersprache & NLP 222

Buchempfehlung: Manipulationsmethoden 223

QUELLENVERZEICHNIS 224

KAPITEL 1: EINFÜHRUNG

NLP steht für „Neuro-Linguistisches Programmieren" und ermöglicht es, unseren Geist, wie wir uns fühlen und wie wir die Welt wahrnehmen aktiv zu beeinflussen und zu programmieren. Die mentalen Werkzeuge, die du im NLP-Practitioner oder einem Coaching bei ZHI erlernst, basieren auf wissenschaftlichen Methoden und bieten damit die praktische Anwendung der besten Erfolgsstrategien. Nach der NLP-Practitioner Ausbildung bei ZHI gestaltest du dein Leben nach eigenem Standard und ganz nach deinen Erwartungen. Oder, wie es Dr. Richard Bandler, das kreative Genie hinter der Neurolinguistischen Programmierung, formuliert: "NLP ermöglicht persönliche Freiheit." Davon profitierst du selbst und dein gesamtes Umfeld: Familie, Freunde, Mitarbeiter, ... alle, auf die du triffst.

- Bessere Entscheidungen treffen: die wichtigste Eigenschaft, um beruflich erfolgreich zu sein und auf das nächste Level zu kommen.
- Von der sozialen Programmierung lösen: erkenn die unbewussten Limitierungen, die die Gesellschaft dir eingeimpft hat.
- Zurück zu den eigenen Werten finden: beginn ein Leben nach eigenem Standard und übe positiven Einfluss auf dein persönliches Umfeld aus.
- Schlechte Angewohnheiten ablegen: eliminiere Zeitfresser und Energie raubende Muster, die schon seit Jahren unbewusst in dir ablaufen.
- Einfach mehr Lebensqualität: optimier dein Selbstmanagement, vertiefe deine Beziehung zu deinen Liebsten und führe ein Leben in Fülle und finanzieller Sicherheit.

Du wirst sehen, das Treffen von besseren Entscheidungen, die Befreiung von der sozialen Programmierung, die Neudefinition der eigenen Werte, das Ablegen von Angewohnheiten und das Erlangen von mehr

Lebensqualität sind nicht nur Stichworte, die sich hinter NLP verstecken, sondern ein Start in ein neues Leben.

Die Möglichkeiten NLP Techniken im Alltag und Beruf anzuwenden sind mannigfaltig. Sie machen dein Leben einfacher und du kommst viel schneller an deine Ziele. Wie wäre es, wenn du auf Knopfdruck stets in einem High-Performance-Zustand bist, dein Selbstmanagement im Griff hast und dein Umfeld positiv beeinflussen kannst? Mit NLP gestaltest du dein Leben proaktiv, kannst dich selbst programmieren, erreichst schneller deine Ziele und gewinnst mehr Zeit für die wichtigen Dinge.

1.1 Was ist NLP?

Vielleicht fragst du dich: „NLP was bedeutet das eigentlich?" Die Betitelung „Neuro Linguistisches Programmieren" soll verdeutlichen, dass sich Prozesse im Gehirn (= Neuro) unter Berücksichtigung der Sprache (= linguistisch) auf Basis systemischer Gewohnheiten verändern lassen können (= Programmieren). Der feine Unterschied dabei ist: NLP verschafft sehr schnell eine Klarheit darüber, warum NLP anderen Sprachmodellen zu bevorzugen ist.

Der NLP-Practitioner bei ZHI ist mehr als eine Ausbildung. Er ist ein einmaliges Erlebnis, nach dem du alle notwendigen praktischen Fähigkeiten hast, um aus dem System auszubrechen und herauszufinden, was du wirklich willst. Du hast simple – aber effektive – Werkzeuge an der Hand, mit denen du deine Wahrnehmung steigerst, deine Emotionen kontrollierst und die Körpersprache anderer Menschen besser verstehst. Ebenso bist du in der Lage, selbst in schwierigen Situationen deine Ziele zu erreichen – und zwar stressfrei. Das ZHI-Team vermittelt die Inhalte so, dass es ganz automatisch zum alltäglichen Erfolg führt. Natürlich beinhaltet der NLP Praciticioner alle typische Modelle und Methoden aus dem NLP.

Nach der Ausbildung zum NLP-Practitioner besitzt du folgende Fähigkeiten:

- Du konkretisierst deine Ziele und löst unbewusste Widerstände.
- Du steigerst die Flexibilität in deinem Verhalten: die Grundlage für mehr Erfolg.
- Du erkennst deine eigenen Gefühle, Stimmungen und Verhaltensmuster und kannst diese jederzeit und selbstbestimmt beeinflussen.
- Äußerliche Einflüsse wie Grippezeit oder Dauerschnupfen gehören der Vergangenheit an und nervige Kollegen lenken dich nicht mehr ab.
- Du nutzt verbale und nonverbale Kommunikation, begeisterst dadurch andere Menschen und bist souverän bei Konflikten, Gesprächen und Verhandlungen.
- Du kannst dich in die Welt deiner Mitmenschen hineinversetzen, diese elegant erreichen und in eine von dir gewünschte Richtung leiten.
- Du kannst dich jederzeit aktiv motivieren, nimmst dir aber auch Raum für Erholung.
- Du schließt mit unangenehmen Situationen der Vergangenheit ab und startest kraftvoll in deine Zukunft durch.
- Du baust eine magnetische Ausstrahlung auf und stärkst dein Selbstbewusstsein.
- Du hast neue, lösungsorientierte Zugänge in Konfliktsituationen.
- Du entwickelst mehr Kreativität und Flexibilität im Denken und Handeln.

1.2 Geschichte des NLP

Die Geschichte des NLP hat ihren Ursprung in den USA. NLP nach Dr. Richard Bandler (Informatiker und Mathematiker, Foto rechts) und nach John Grinder (Sprachwissenschaftler) wurde 1975, mit Unterstützung des Anthropologen Gregory Bateson entwickelt. Ihr damaliges Ziel war es, die Merkmale besonders erfolgreicher Therapiemethoden herauszuarbeiten, um Wissen leichter vermitteln zu können. Sie waren dabei bestrebt, die Gemeinsamkeiten der unterschiedlichsten Fachbereiche und Anwendungsgebiete zu finden und nutzbar zu machen.

Aus diesen ersten Grundlagen gingen Weiterentwicklungen wie NLP nach Erickson, in der Form der Hypnotherapie, hervor. Im Laufe der Zeit entwickelten Grinder und Bandler noch heute gültige NLP Modelle wie das Meta-Modell (1976), das Milton-Modell (1977), mit Robert Dilts gemeinsam das T.O.T.E. Modell (1980), das Konzept des Reframings (1982) und das Konzept der Submodalitäten (1984). Doch auch andere Experten waren und sind bis heute an der Weiterentwicklung von NLP beteiligt. So wurde z. B. die Time Line Therapy von Tad James (1988) oder das Reimprinting von Robert Dilts (1990) entwickelt. Die Frage: „Wer steckt hinter NLP?", ist daher nicht eindeutig zu beantworten. Die klassischen Grundannahmen des NLP werden bis heute laufend durch neue Methoden des NLP und Techniken des NLP erweitert. NLP mit Herz und Verstand kann daher laufend durch neueste Übungen zu NLP und aktuelle Bücher zu NLP professionalisiert werden.

1.3 Wie arbeitet NLP?

Im NLP existieren unter anderen zwei Grundannahmen zum Verhalten, auf die ich nun detaillierter eingehen möchte, bevor geklärt wird, was Verhalten tatsächlich ist. Das erste Axiom lautet, dass jedes Verhalten eine positive Absicht hat, denn jeder Mensch handelt in der für ihn in diesem Moment bestmöglichen Art und Weise. Auch wenn anderen aus ihrer Weltperspektive diese Handlung negativ erscheint, so ist sie in jenem Moment für den anderen positiv, womöglich weil er nicht genug Handlungsalternativen kennt und ihm deshalb die Möglichkeiten fehlen. Dies ist ein Denkanstoß, sich in die Welt des anderen zu versetzen. Das zweite Axiom lautet: Das Verhalten eines Menschen ist nicht seine Persönlichkeit. Im NLP wird Motivation, der Grund für ein Verhalten oder der Charakter selbst, getrennt vom Prozess, also der Handlung, wahrgenommen. Es ist möglich, jeden Menschen für das zu akzeptieren, was er ist. Dennoch zählt in der Realität häufig das, was wir tun, und wird dem gleichgestellt, wer wir sind.

Grundsätzlich unterscheiden wir zwei Arten von Verhalten: angeborenes und erlerntes Verhalten. Bestimmte Emotionen sind uns angeboren. Unsere Emotionsdatenbanken sind jedoch offen und nicht geschlossen. Diese Datenbanken sind ebenso wie die Programme, die unsere Reaktionen auf unsere unterschiedlichen Emotionen steuern, bei unserer Geburt nicht leer. Die Evolution hat Anweisungen darin niedergelegt, wie wir zu reagieren haben (Reaktion oder Verhalten), und Empfindsamkeiten vorgegeben, die bestimmen, worauf wir reagieren (Reize, also Anker oder trigger). Wir können jedoch jederzeit neue Auslöser und emotionale Reaktion erlernen. Und nicht alle davon sind stets zu unserem langfristigen Vorteil und können somit zu Blockaden werden, durch die wir uns selbst unbewusst sabotieren. Genau hier setzt NLP an.

1.3 Wie wende ich NLP an?

Da NLP ein offenes Modell ist, das die besten Techniken verschiedenster Felder kombiniert, erscheint es vielen Einsteigern als ein Sammelsurium von Werkzeugen und Kommunikationsmitteln. Das Anwendungsgebiet von NLP ist sehr vielseitig. NLP bei Ängsten, NLP bei Burnout oder NLP bei Depressionen gehört genauso zu den Anwendungsgebieten wie NLP für Verkäufer, NLP für Business, NLP für Politiker oder NLP für den Alltag. NLP beruht zwar auf zahlreiche Modelle und Methoden, doch auch die besten NLP Trainer haben ihren eigenen Stil und lehren das Modell und die besten NLP Techniken abhängig von der eigenen Ausbildung mit anderen Schwerpunkten. Die Schatztruhe NLP ist riesengroß, es gibt daher viele Möglichkeiten, um die beste NLP Ausbildung zu finden. Welche Art von NLP du lernst, entscheidet sich oft damit, wo du deine NLP-Ausbildung machst. Tatsächlich verbirgt sich hinter dem Modell von NLP eine eigene Philosophie, ja vielleicht sogar Lebenshaltung. Die Axiome, also Vorannahmen, auf denen alle Theorien des NLP aufbauen, werden durch die folgenden vier Grundüberzeugungen getroffen. Es ist ausgerichtet auf:

- Flexibilität im Denken und Handeln
- Zielorientierung und –realisierung
- Sinnesschärfe für Selbst- und Fremdwahrnehmung
- das klare Bewusstsein der Eigenverantwortlichkeit

Eine Unterscheidung erfolgt zwischen folgenden Ausbildungsformen, welche in der Form von mehrtägigen Seminaren oder Intensiv-Lehrgängen angeboten werden. Es sind sowohl Ausbildungsformen von NLP auf Deutsch als auch NLP auf Englisch verfügbar.

1.4 Zertifizierung

Die 1978 gegründete Society of Neuro-Linguistic Programming™ ist eine weltweite Organisation, die sich zum Ziel gesetzt hat, die Qualitätskontrolle derjenigen Ausbildungsprogramme und -dienste auszuüben, die das Modell der Neuro-Linguistic Programming (NLP) repräsentieren[i]. Mit einem Zertifikat der Society of NLP gilt:

- Deine Ausbildung ist international anerkannt.
- Du erfüllst die hohen Anforderungen der Society of Neuro-Linguistic Programming™, die weltweit gelten.
- Du hast die Gewissheit, dass dein NLP-Trainer direkt an der Quelle ausgebildet wurde.
- Wir vermitteln NLP so, dass du es im täglichen Leben integrierst und dadurch NLP lebst, anstatt es nur zu lernen.
- Die Society of Neuro-Linguistic Programming™ gehört weltweit zu den anerkanntesten NLP Dachverbänden.

Aber Achtung: nicht alle NLP-Institute halten sich an diese Vorgaben. Das mag natürlich etwas befremdend klingen, denn wenn der Präsident der Society of NLP Standards für die Ausbildungen definiert, dann sollten sich doch wohl alle daran halten, die NLP Trainings anbieten. Jedoch das Gegenteil ist der Fall und viele Trainer weichen in ihren Seminaren zum Teil gewaltig von den Vorgaben und Mindestanforderungen der Society of NLP ab. Deshalb sollte die eigene Ausbildung bei einem Institut absolviert werden, dessen Trainer persönlich von Dr. Richard Bandler ausgebildet wurden – so wie es bei ZHI selbstverständlich ist.

KAPITEL 2: GRUNDLAGEN DES NLP

Das Neuro Linguistische Programmieren (NLP) ist ein praxisbezogenes Modell, um die Kommunikation, Verhaltensmuster und Glaubenssätze von Menschen zu verstehen und zu verbessern. Die Grundlagen des NLP basieren auf Konzepten der Gestalttherapie, der Klienten zentrierten Therapie, der Hypnotherapie, den Kognitionswissenschaften und des Konstruktivismus. In diesem Kapitel erfährst du alles über die theoretischen Hintergründe wie NLP entstanden ist, wofür du es einsetzen kannst und worauf du bei der Anwendung in der Praxis besonders achten musst.

2.1 Einsatzgebiete

Grundsätzlich wird von den diversen Anbietern wie ZHI, NLP für jedermann, in vorgegebenen Modulen, angeboten. Egal, ob du es aus NLP für Dummies kennst, NLP für Unternehmer und Führungskräfte und deren Weiterbildung gebrauchen willst, begleitendes NLP für Logopädie und Sprachtherapie suchst oder NLP für Pädagogen: der Zielgruppe für NLP sind keine Grenzen gesetzt!

NLP im Unterricht und der Bildung
Die bewährten Methoden von NLP werden ebenso erfolgreich im Unterricht und bei Fortbildungen angewandt. Dabei werden individuelle Lernstrategien entwickelt und genutzt, sodass die Lernenden und Lehrenden einen deutlichen Motivationsschub erfahren. Dadurch wird ein nachhaltiger Lernerfolg erzielt.

NLP in der Wirtschaft
Seit einigen Jahren werden die Prinzipien und Methoden des NLP in verschiedenen Unternehmensbereichen ausgesprochen erfolgreich angewandt. So hat sich NLP als ein effektives Instrument für das

Management erwiesen, um beispielsweise den Umgang und die Kommunikation mit Mitarbeitern und Kunden durch die Schaffung einer positiven Atmosphäre auf emotionaler Ebene signifikant zu verbessern. In den Bereichen Einkauf und Vertrieb wird eine hohe Kommunikationsfähigkeit erreicht, die sich meist unmittelbar auf den Unternehmenserfolg auswirkt. Geeignete Werkzeuge helfen dabei, spezifische Strategien für eine optimierte Kommunikation im Unternehmensumfeld und einen kooperativen, mehr an den Mitarbeitern orientierten Führungsstil, zu entwickeln.

Auch in kritischen Situationen kann weiterhin zielführend agiert werden. Mögliche Konflikte innerhalb des Teams können durch Moderation und Training rasch aufgelöst werden. Individuelle Verhaltensmuster, die einer verbesserten Kommunikationsstrategie entgegenstehen, werden durch geeignete Verfahren schnell identifiziert und können anschließend zielführend verändert werden. Der unternehmerische Gesamterfolg wird durch zielgerichtetes Coaching und Leading der verschiedenen Unternehmensbereiche sichergestellt.

NLP und Medizin
Besonders im medizinischen Bereich wird von den Mitarbeiterinnen und Mitarbeitern ein hohes Maß an sozialer Kompetenz gefordert. NLP bietet geeignete strategische Ansätze und Methoden, die das medizinische Fachpersonal dabei unterstützen, eine emphatische und vertrauensvolle Beziehung zu den Patienten aufzubauen und einen kooperativen Kommunikationsstil zu erreichen. So wird das gegenseitige Verständnis des medizinischen Personals und der Patienten deutlich verbessert und der Genesungsprozess insgesamt sehr positiv beeinflusst.

NLP und Therapie
Bei vielen klinischen Erscheinungsbildern im Bereich der psychischen Erkrankungen kann NLP wirksam angewandt werden. Insbesondere bei der Therapie von Phobien und Angststörungen führt der gezielte Einsatz ausgewählter Verfahren und Werkzeuge des Neuro Linguistischen

Programmierens oft zu bemerkenswerten Ergebnissen und zu einer raschen Besserung bei den betroffenen Patienten. Die auf NLP basierende Psychotherapie ist von der European Association for Psychotherapy (EAP) ebenso anerkannt wie die etablierten Methoden der Psychoanalyse und der Verhaltenstherapie.

2.2 Anwendung in der Praxis

Grundsätzlich beruht das Neuro Linguistische Programmieren (NLP) auf der Tatsache, dass Menschen in den unterschiedlichsten Lebensbereichen ständig auf verbale und nonverbale Weise miteinander kommunizieren. Bei der zwischenmenschlichen Kommunikation kommt es allerdings häufig auch zu Missverständnissen: Werden unsere Mitteilungen tatsächlich so verstanden, wie sie gemeint sind? Interpretieren wir die Äußerungen und Reaktionen unserer Gesprächspartner richtig? Die vielfältigen Methoden und Verfahren des NLP helfen dabei, dass die Kommunikation sowohl im privaten Bereich als auch im beruflichen Umfeld insgesamt besser gelingt.

Nutze dein volles Potenzial
In wissenschaftlichen Studien wurde bewiesen, dass die Menschen von allem, was sie in ihrem bisherigen Leben erlernt und erfahren haben, lediglich 20 Prozent nutzen – der überwiegende Teil des Erlernten ruht im Unterbewusstsein. NLP bietet eine breite Palette an Methoden und Werkzeugen, um dieses ungenutzte Potenzial anzuregen und zu nutzen. Wahrnehmungen und Erfahrungen sind immer persönlich. Diese Subjektivität beeinflusst die individuelle Denk- und Handlungsweise in einem ganz erheblichen Maße und schränkt die eigene Wahrnehmung oft stark ein. Dadurch kann der Blick auf die vielfältigen Handlungsmöglichkeiten für eine erfolgreiche Ausgestaltung des eigenen Lebens verstellt werden.

NLP kann dabei helfen, die eigene Wahrnehmung zu schärfen und so die zahlreichen erfolgsversprechenden Optionen in den unterschiedlichen

Lebenssituationen erkennen und kreativ umsetzen. Durch die Aktivierung und Schärfung aller Sinne wird das eigene Potenzial, aber auch das Potenzial anderer Menschen besser erkannt. So können bisher im Unterbewusstsein verborgene Fähigkeiten nutzbar gemacht werden. Persönliche Grundauffassungen und Wertvorstellungen werden klarer und führen dich zu einem selbstbestimmteren Denken und Handeln. Die eigenen Ideen und Wünsche können selbstbewusster und kreativer verwirklicht werden. Durch ein höheres Maß an Flexibilität wirst du den Herausforderungen in einer sich ständig ändernden Lebenswelt erfolgreicher begegnen können.

Ziele setzen und erreichen
Eigene Ziele werden oft deshalb nicht erreicht, weil sie nicht klar definiert wurden und wir nicht genau wissen, wohin genau wir eigentlich wollen oder was wir wirklich erreichen möchten. NLP hilft dir dabei, ein Ziel nicht nur klar zu formulieren, sondern durch zielgerichtetes Handeln auch an dieses Ziel zu gelangen. Durch einen ständigen Prozess werden zielführende Verhaltensweisen erkannt und das eigene Denken und Handeln entsprechend angepasst, sodass das Erreichen der gesteckten Ziele tatsächlich gelingt. Auf dem Weg zum Ziel kann NLP dich dabei unterstützen, lösungsorientiert an mögliche Schwierigkeiten ganz ohne Angst und Stress heranzugehen, hinderliche Verhaltensmuster und Gewohnheiten zielführend zu verändern, Probleme als Herausforderungen zu betrachten und diese kreativ und selbstbewusst aus dem Weg zu räumen.

Neben der persönlichen Weiterentwicklung werden die Methoden und Verfahren des Neuro Linguistischen Programmierens zunehmend auch in Wirtschaftsunternehmen, in Bildungs- und Trainingsinstitutionen sowie in Krankenhäusern und Therapieeinrichtungen zur Optimierung der Kommunikation und zur effektiven Erreichung von Zielen angewandt.

Positive Kommunikation
NLP hilft dabei, die Nuancen von Sprache und Tonfall, Gestik und Mimik schärfer wahrzunehmen und den eigenen Kommunikationsstil wirkungsvoll deinem Gegenüber anzupassen. Durch den Einsatz der vielfältigen Kommunikationsmethoden und -techniken zur positiven Beeinflussung von Gesprächsverläufen kannst du die eigene Botschaft unmissverständlich kommunizieren. Geeignete Methoden ermöglichen einen flexiblen Umgang mit den unterschiedlichsten Menschen im Hinblick auf Charakter oder Herkunft. Insgesamt wird das eigene Verständnis der komplexen Vielfalt zwischenmenschlicher Kommunikation deutlich verbessert.

Unabhängig von der persönlichen Auffassung wird es dir leichter fallen, dich auf die subjektive Wahrnehmung des jeweiligen Gesprächspartners einzustellen. Gerade bei Konflikten im privaten oder beruflichen Umfeld wirst du durch diese Fähigkeiten ein höheres Maß an Selbstsicherheit und Souveränität erlangen. Nicht zuletzt wird durch NLP auch der innere Dialog nachhaltig positiv beeinflusst werden, was sich wiederum ausgesprochen positiv auf die gesamte Lebensqualität auswirken kann.

2.3 Verbände

NLP-Ausbildungen sind im internationalen Vergleich nicht einheitlich geregelt. Es haben sich aber Verbände etabliert, die ähnliche Ausbildungsrichtlinien definiert haben. Die Mitglieder sind verpflichtet, sich an die Vorgaben des jeweiligen Verbandes zu halten und können nur dann das entsprechende Siegel nutzen. Du hast daher die Möglichkeit NLP überall in der Welt zu lernen. NLP auf Mallorca, NLP in Österreich, NLP in Deutschland, NLP in Amerika, dem Angebot sind keine Grenzen gesteckt.

Internationale Verbände:

- Society of NLP
- INLPTA (International NLP Trainers Association)

Ziel der internationalen Dachverbände ist es, weltweit eine standardisierte NLP-Ausbildung anzubieten. Dies erfolgt durch eine Standardisierung der Ausbildungen und durch eine laufende Verbesserung der Inhalte. Deine ZHI-Ausbildung wird nach dem Standard der Society of NLP durchgeführt, dem weltweit ältesten und größten NLP Dachverbund vom Co-Entwickler des NLP persönlich: Dr. Richard Bandler.

NLP in Österreich
Die NLP Community in Österreich ist sehr gut vernetzt und du findest in jedem Bundesland NLP-Anbieter für ein NLP-Training und eine NLP-Ausbildung. Dabei kannst du vor allem bei NLP in Wien, Niederösterreich und in der Steiermark aus einem großen Angebot wählen. Derzeit sind in Österreich rund 55 unterschiedliche Anbieter für NLP zu finden. Je nach Anbieter hast du die Möglichkeit, klassisches NLP oder eine Kombination aus NLP und Hypnose zu lernen, so wie es auch bei ZHI der Fall ist. Die Methodik der Hypnose gilt, als dem NLP sehr nah und im Rahmen der Society of NLP (dem Verband des NLP Co-Entwicklers Dr. Richard Bandler) ist es sogar eine verpflichtende Vorgabe. Viele NLP-Anbieter in Österreich sind Mitglied der ÖDV-NLP oder einer internationalen Vereinigung und bieten eine Ausbildung in zertifizierter Qualität an. Von Trainern, die keinem international anerkannten Verband angehören, oder sogar nur NLP-Ausbildungen nach ihrem eigenen Standard anbieten, wird eher abgeraten.

ÖDV NLP
Der Österreichische Dachverband für Neurolinguistisches Programmieren ist ein eingetragener und gemeinnütziger Verein. Er kümmert sich primär, um die Qualitätssicherung, ist ein zentrales

Netzwerk für NLP-Interessierte und arbeitet eng mit dem DVNLP zusammen.

NLP in Deutschland
In Deutschland gibt es derzeit ca. 50 zertifizierte NLP-Ausbildungsstätten. Die meisten davon sind Mitglieder des DVNLP und garantieren eine Ausbildung nach DVNLP-Richtlinien. Diese Richtlinien regeln die Ausbildungsstufen und Ausbildungsinhalte. Zahlreiche Anbieter sind sowohl in Deutschland, in der Schweiz als auch Österreich aktiv und bieten ihre Kurse länderübergreifend an.

DVNLP
Der Deutsche Verband für Neuro Linguistisches Programmieren e.V. wurde 1996 gegründet und ist mit rund 1.900 Mitgliedern der größte NLP-Verband Europas. Der DVNLP steht für eine geprüfte Sicherheit und gewährleistet die Qualitätsstandards der Ausbildung, rund um das Thema NLP.

NLP in der Schweiz
Die NLP-Ausbildungen in der Schweiz sind im Vergleich zu Deutschland eher kleinräumig organisiert. Neben einigen eigenständigen schweizerischen NLP-Anbietern gibt es auch Anbieter aus Deutschland, die entweder in der Schweiz Kurse anbieten oder aber Schweizer Teilnehmer nach Deutschland holen. Die meisten NLP-Zertifizierungen werden über den DVNLP oder die Society of NLP ausgestellt. Aufgrund der Mehrsprachigkeit ist in den entsprechenden Landesregionen auch die Lizenzierung durch französische und italienische NLP-Verbände möglich.

2.4 Kritik an NLP

Die Techniken aus dem NLP stoßen nicht immer nur auf positive Ohren. NLP wird heute oft noch als unwissenschaftlich abgelehnt, obwohl die Wurzeln von NLP selbst in der Wissenschaft verankert sind und es heute auch viele Studien gibt, die die Wirksamkeit von NLP-Techniken nachweisen. Da NLP jedoch mehr als eine Methodensammlung als eine in sich geschlossene Lehre zu verstehen ist, wurde es im Laufe der Jahre durch verschiedenste Trainer und Anwender ergänzt und erweitert. Obwohl NLP in seinen Grundannahmen klar auf wissenschaftlichen Theorien basiert, kann deshalb nicht jede Strömung von NLP als wissenschaftlich anerkannt werden. Mit NLP manipulieren oder mit NLP verführen sind nur Nebenziele der NLP. Vielmehr geht es bei NLP darum, durch NLP mehr Zeit zum Leben zu erlangen und sich von Blockaden zu befreien. NLP gegen Schüchternheit, NLP gegen Stottern, NLP gegen Depression, NLP gegen Tinnitus, NLP gegen Flugangst, NLP gegen Liebeskummer, NLP gegen Allergien sind nur einige Einsatzgebiete, die immer wieder positive Ergebnisse hervorbringen und das Leben bereichern.

2.5 Ausbildungsstufen

NLP-Seminare sind vor allem Kurse zur Selbsterfahrung und haben besseres Selbstmanagement zum Ziel. Das Wissen über die Methoden des NLP alleine ist noch keine Berufsausbildung und ermöglicht damit nicht die Ausübung eines reglementierten Gewerbes wie z. B. das der Psychotherapie. Dafür ist eine fachspezifische Ausbildung zu absolvieren, wenngleich viele Teilnehmerinnen und Teilnehmer der NLP-Weiterbildung aus diesem Bereich kommen und NLP als ergänzende Methode für die Arbeit in der Praxis nutzen.

Wie wird man NLP-Practitioner?
Bei der Ausbildung zum NLP-Practitioner lernst du alle notwendigen praktischen Fähigkeiten kennen, um dein NLP-Experiment zu starten. Du hast simple – aber effektive – Werkzeuge an der Hand, mit denen du deine Wahrnehmung steigerst, Emotionen kontrollierst und die Körpersprache anderer Menschen besser verstehen kannst. Ebenso bist du in der Lage, selbst in schwierigen Situationen deine Ziele stressfrei zu

erreichen. Natürlich beinhaltet der NLP Pracitioner alle typischen Modelle und Methoden aus dem NLP.

Wie wird man NLP Master-Practitioner?
Nachdem du in der NLP-Practitioner-Ausbildung die Werkzeugkiste des NLP kennengelernt hast, lernst du als NLP Master die komplexeren Zusammenhänge verstehen. Du erfährst sehr viel über deine Persönlichkeitsstruktur, Blockaden, Denkstrukturen und emotionale Muster. Du wirst in der Lage sein, NLP für dich einzusetzen und zu nutzen und Dinge, die dir vorher nicht gelungen sind, kannst du jetzt einfacher erreichen.

Wie wird man NLP Coach?
In der Ausbildung zum NLP Coach lernst du, deine NLP-Fähigkeiten bei anderen Personen noch gezielter einzusetzen. Du wirst in der Lage sein, andere zu lehren ihre persönlichen Fähigkeiten zu erkennen und die persönlichen Ressourcen zu nutzen. Du erweiterst dein NLP-Wissen und lernst weitere wirkungsvolle Strategien zur menschlichen Veränderung kennen. Du wirst es schaffen, andere dabei zu unterstützen Probleme zu lösen und mit NLP ihr Leben besser zu meistern.

Wie wird man NLP Trainer?
Den Abschluss deiner Ausbildung bei ZHI bildet der NLP Coach. Nach diesem hast du alle notwendigen Fertigkeiten, um mit Einzelpersonen oder Kleingruppen zu arbeiten. Wenn du selbst NLP-Kurse durchführen willst, so führt dich deine NLP-Trainer-Ausbildung nach Florida: zum Trainer-Training mit Dr. Richard Bandler persönlich. Der Mann, der NLP vor über 40 Jahren entwickelt hat und seither ständig erweitert, führt auch heute noch das NLP-Trainer-Training in Orlando persönlich auf Englisch durch. In der Ausbildung zum NLP Trainer tauchst du in die neue Welt des Mentoring ein. Die Trainer-Ausbildung ist eine ergänzende Ausbildung und komplettiert dein Wissen über NLP. Als NLP Trainer kannst du tief in die Psyche anderer Personen blicken und ihnen dabei helfen, Probleme des Alltags zu überwinden. Wir sind stolz

darauf, dass eine im Vergleich mit anderen Trainern sehr hohe Anzahl an ZHI-Teilnehmerinnen und Teilnehmern das NLP-Trainer-Training erfolgreich abgeschlossen hat. Benedikt Ahlfeld war sogar selbst Teil des Trainer-Teams von Dr. Richard Bandler und John LaValle (dem Präsidenten der Society of NLP). Die hohe Qualität unserer Ausbildungen spiegelt sich insbesondere hier, in der direkten Nähe zur „Quelle" des NLP, wider. Viele Trainer sehen es nicht gerne, wenn ehemalige Teilnehmer plötzlich im selben Wasser fischen wollen. Wir haben einen anderen Ansatz und unterstützen unsere Teilnehmerinnen und Teilnehmer auf ihrem Weg. So ist es kein Wunder, dass eine Vielzahl an erfolgreichen Trainerinnen und Trainer, die sich mit ihrer Leidenschaft selbstständig gemacht haben, heute aktive NLP Trainer oder NLP Coaches sind. Eine aktuelle Liste findet du auf: www.ZHI.at/nlp/nlp-trainer.

KAPITEL 3: NLP-TECHNIKEN

NLP ist ein offenes Modell mit mannigfaltigen Einsatzmöglichkeiten. Im Kern basiert es jedoch auf acht Axiomen, die man liebevoll auch als die "Glaubenssätze" (oder Vorannahmen) des NLP bezeichnen könnte.

3.1 Axiome

NLP erscheint vielen Einsteigern als ein Sammelsurium von Werkzeugen und Kommunikationsmitteln, die besonders gut funktionieren. Tatsächlich verbirgt sich hinter dem Schleier der Effizienz und machtvollen Wirkung eine eigene Philosophie. Ja, vielleicht sogar Lebenshaltung. Die acht Axiome, also Vorannahmen, auf denen alle Theorien des NLP aufbauen, werden durch die folgenden vier Grundüberzeugungen getroffen:

- Flexibilität im Denken und Handeln
- Zielorientierung und –realisierung
- Sinnesschärfe für Selbst- und Fremdwahrnehmung
- Das klare Bewusstsein der Eigenverantwortlichkeit

Diese Prinzipien führen zu den bereits angesprochenen acht Axiomen der Society of NLP:

- **Die Fähigkeit den Prozess, wie wir Realität erfahren zu ändern ist oftmals nützlicher, als den Inhalt der Erfahrungen von Realität zu ändern.**
  Das flexibelste Element im System, steuert das System.

- **Das Resultat der Kommunikation ist die Reaktion, die man darauf erhält.**

Die Bedeutung der Kommunikation liegt in der Reaktion, die du erhältst. Nur der Sender einer Botschaft ist verantwortlich dafür, dass sie auch so beim Empfänger ankommt, wie sie gemeint ist.

- **Alle Unterscheidungen, die Menschen in der Umwelt und im Verhalten machen können, werden nützlicherweise über die 5 Sinne (Visuell, Auditiv, Kinästhetisch, Olfaktorisch und Gustatorisch) repräsentiert.**
Nur genaue Beobachter können auch gute Kommunikatoren sein. Die Schärfung aller Sinneskanäle betrifft hier nicht nur die Richtung nach außen, sondern auch nach innen, auf die eigenen internen Denkprozesse.

- **Alle Ressourcen, die der Mensch zu einer Veränderung braucht, sind bereits in ihm.**
Emotionale Ressourcen wie Selbstbewusstsein, Glück, innere Kraft, Empathie und Genauigkeit hast du bestimmt schon erlebt. Mit NLP ist es möglich, diese Gefühle, wann immer man möchte, abzurufen und nutzbar zu machen.

- **Die Landkarte ist nicht das Gebiet.**
Jeder Mensch nimmt die Welt anders wahr, gemäß seinen bisherigen Erfahrungen, den Filtern, mit denen er Informationen selektiert und konstruiert, somit seine eigene Landkarte der Welt. Diese Landkarte ist jedoch nicht das tatsächliche Gebiet, also die Realität, da jeder Mensch seine eigene selektive Wahrnehmung hat und danach handelt.

- **Der positive Wert eines Individuum bleibt immer gleich, während der Wert und die Angemessenheit des internen und/ oder externen Verhaltens immer wieder fraglich ist.**
Das Verhalten eines Menschen ist nicht die Persönlichkeit. Im NLP wird Motivation, der Grund für ein Verhalten oder der Charakter

selbst, getrennt vom Prozess, also der Handlung wahrgenommen. Es ist möglich, jedem Menschen für das zu akzeptieren, was er ist.

- **Jedes Verhalten wird von einer positiven Absicht motiviert, und einem Inhalt, in dem ein Verhalten Wert hat.**
  Jeder Mensch handelt in der für sich in diesem Moment bestmöglichen Art und Weise. Auch wenn anderen aus ihrer Weltperspektive diese Handlung negativ erscheint, so ist sie in jenem Moment für den anderen positiv, womöglich, weil er nicht genug Handlungsalternativen kennt und ihm deshalb fehlen. Dies ist ein Denkanstoß, sich in die Welt des anderen zu versetzen.

- **Feedback statt Fehlschlag – alle Resultate und Verhalten sind Ergebnisse, egal, ob die gewünschten Ziele für eine Aufgabe oder einen Kontext erreicht wurden oder nicht.**
  Es gibt keine Fehler, nur Feedback. Fehler sind eine Möglichkeit, um zu lernen. Fasst du Fehler nicht als Rückschläge sondern als Rückmeldungen auf, aus denen du neue Erkenntnisse ziehen kannst, wird aus dem anfänglichen Fehler plötzlich nutzbare, wertvolle Information.

3.2 Die 4 Stufen der Kompetenz

Als Menschen lernen wir gemäß dem immer gleichen Prozess; als Beispiel nehmen wir hier das Fahrradfahren. Erinnere dich zurück, als du als kleines Kind zum ersten Mal ein Fahrrad auf der Straße gesehen hast. Du hast dich auf der Stufe der **unbewussten Inkompetenz** befunden, wo du nicht wusstest, dass du noch nicht Fahrrad fahren kannst. Als du aber selbst aufsteigen musstest und ohne Stützräder fahren wolltest, bist du ziemlich sicher nicht sehr weit gekommen, ohne umzukippen. Du wusstest nun, dass du es doch noch nicht kannst – Du warst **bewusst inkompetent**.

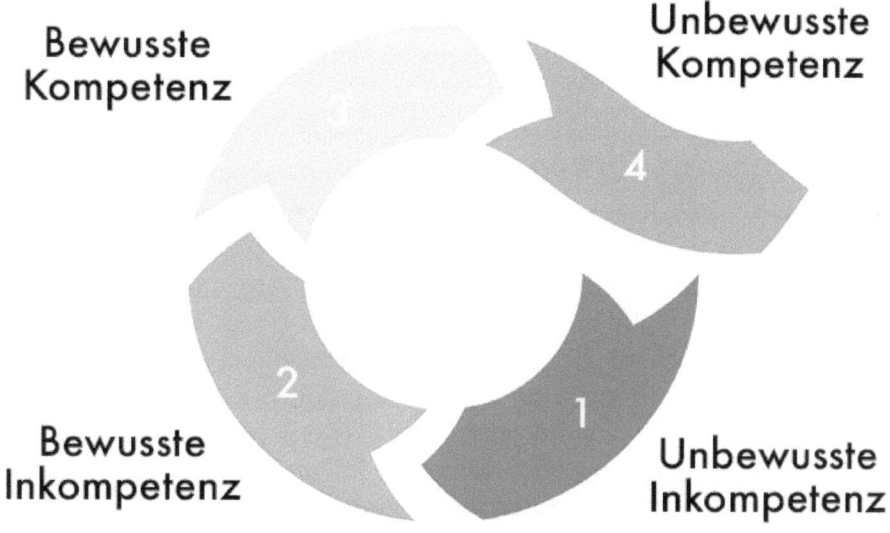

Quelle: eigene Grafik

Als du aber das nächste Fahrrad an dir vorbeizischen sahst, wusstest du: „Das will ich auch können!" Und nun konnte dich keiner mehr zurückhalten, bis du eines Tages wirklich von ganz alleine, die Balance halten konntest. Dies war der Gipfel der **bewussten Kompetenz**. Du konntest gerade so das Gleichgewicht halten und gleichzeitig treten, obwohl du noch nervös warst. Du musstest dich auf viele Dinge gleichzeitig konzentrieren, um sicher von A nach B zu kommen. Wenn ich dir heute ein Rad zeige, wirst du mit großer Wahrscheinlichkeit aufsteigen, in die Pedale treten und losfahren, ohne viel nachzudenken. Wir würden uns nebenbei unterhalten können und du müsstest dich überhaupt nicht mehr bewusst darauf konzentrieren, die Pedale gleichmäßig zu treten und den Lenker gerade zu halten. Dies ist die Stufe der **unbewussten Kompetenz – dein Ziel.**

Im NLP-Practitioner und explizit durch das metaphorische Lernen und die ISL-Methoden sind wir bestrebt, die Abkürzung von der unbewussten Inkompetenz (1) direkt zur unbewussten Kompetenz (2) zu erlangen. Erst später, im NLP Master-Practitioner, wird das Wissen bewusst gemacht, damit es auch an andere weitergegeben und noch viel gezielter eingesetzt werden kann.

3.3 Metaphorisches Lernen

Ebenso wie wir in Metaphern träumen, können Geschichten, Visualisierungen und Traumreisen dazu verwendet werden, um „in der Sprache" des Unbewusstseins zu kommunizieren. Im Anwendungsgebiet der Hypnose eignen sie sich besonders gut, für die Gesprächshypnose. Sie können aber ebenso im normalen Alltag eingesetzt werden, um Bilder im Kopf zu erzeugen und eine Verbindung deines Gegenübers mit der gewünschten Thematik zu erlangen. Der Vorteil einer gelungenen Metapher: durch eine gewisse Dissoziation - „Die Geschichte hat ja nichts mit mir zu tun", sagt der Verstand - wird das Unbewusste direkt erreicht, denn es weiß sehr wohl, dass es davon betroffen ist. Deshalb wird von vielen modernen Trainern und Hypnotiseuren die Technik der „nested loops" und des damit einhergehenden metaphorischen Lernens eingesetzt, um besonders schnell und effektiv in den Teilnehmern und Klienten die erwünschten neuen Verhaltensmuster oder –möglichkeiten zu programmieren. Traumreisen können beispielsweise zur Entspannung unternommen werden und führen dann zu grünen Wiesen, weißen Sandstränden oder schneebedeckten Gebirgen. Die einzige Grenze ist dabei die Vorstellungskraft des Hypnotiseurs. Im Einzelgespräch kann der Klient sogar im Vorgespräch selbst eine Situation beschreiben, die im Anschluss in Hypnose durchlebt werden soll.

Auch Milton Erickson, eine der wichtigsten Persönlichkeiten auf dem Weg zur offiziellen Anerkennung der Hypnose als Therapieform, nutzte Traumreisen und Metaphern zur Induktion von Hypnose. Aufbauend auf seiner außergewöhnlichen Fähigkeit zur Beobachtung von Menschen und ihren Reaktionen, entwickelte Erickson eine Art "kooperativer Suggestion" (permissive Suggestion) sowie indirekter Suggestion durch Metaphern. Allein durch das Erzählen von Geschichten brachte er seine Patienten dazu, in Trance zu gehen und Glaubenssätze zu verändern. Im

Rahmen deiner NLP-Ausbildung nutzen wir Metaphern zur Vorbereitung des Unbewussten auf die bevorstehende Veränderungsarbeit und wollen dich damit bereits vorab für eine mögliche Entwicklung öffnen.

3.4 ISL (Integrated Speed Learning®)

Exklusiv bei ZHI verfügbar und von Benedikt Ahlfeld persönlich entwickelt, ermöglicht diese Methode neu erlerntes Wissen besonders schnell in den Alltag zu integrieren.

Sie kombiniert folgende Methoden:

- 4MAT & Mnemotechniken
- VAKOG & Visualisierungen
- Metaphorisches Lernen & Nested Loops
- Zyklische Up- und Downtime Wechsel
- Gehirnhemisphärensynchronisation
- Keywords & Integrationstrancen
- Modularer Aufbau & State-Management

3.5 Wahrnehmung und vorbewusste Filter

Da wir uns unbewusst ständig in einem Lernprozess befinden, ist es umso wichtiger, sich darüber im Klaren zu sein, welche Informationen auf uns einfließen. Insbesondere, weil wir am einfachsten durch Nachahmung lernen, sind wir vor allem durch häufige Wiederholungen sehr leicht zu manipulieren. Auch das Prinzip der Suggestion oder Autosuggestion (Affirmation) kommt hier zum Tragen. Je öfter wir einen Ausspruch oder eine Information im Radio hören, in einem Magazin oder einer Tageszeitung lesen oder im Fernsehen sehen, desto eher halten wir sie für wahr. Dies wird als impliziter Lernprozess bezeichnet.

Das bedeutet, dass wir unbewusst lernen. Ebenso wie wir unbewusst lernen, können wir auch unbewusst konditioniert werden. Jede gut gemachte Werbung und damit auch jeder gut geplante Manipulationsversuch bedient sich dieses Musters. Wissenschaftliche Experimente wie das von Gerald Korn im Jahr 1982 beweisen, dass sich menschliche Entscheidungen durch dieses Prinzip beeinflussen lassen, indem spezielle Reiz-Reaktions-Muster geschaffen werden. Dies ist auch im NLP bekannt als "Ankern". Du wirst später mehr darüber lesen und lernen, wie du diese Technik mannigfaltig einsetzen kannst. Beim Lernen von Theorien entsteht prinzipiell ein Gegensatz zwischen dem Input und einer angemessenen Sicherung. Der durchschnittliche Mensch hat nach ca. einem Monat 98% der übermittelten Fakten und Ideen vergessen. Experimente von Ebbinghaus und Spitzer zeigen, dass selbst wenn jemand versucht, etwas zu behalten, er die Hälfte der Informationen nach einer halben Stunde vergessen hat und ca. zwei Drittel bereits nach dem ersten Tag. Aber wie lernen wir überhaupt? Es beginnt mit unserer Wahrnehmung und den Grenzen derselben.

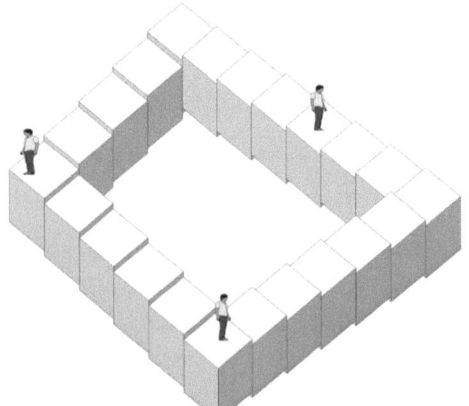

Bestimmt kennst du das berühmte Bild der Sinnestäuschung von der unendlichen Treppe. Dabei handelt es sich um die zweidimensionale Darstellung eines dreidimensional unmöglichen Gegenstandes. Nämlich die perspektivische Darstellung einer einen geschlossenen Innenraum umlaufenden Treppe, die in sich selbst zurückläuft und in einer Richtung scheinbar ständig hinabführt und in der anderen Richtung ständig hinauf.

Obwohl wir genau wissen, dass diese Treppe niemals real sein kann, sehen wir sie dennoch. Der Grund liegt darin, dass unsere vorbewussten Filter durch unsere Erfahrungen konditioniert wurden. Zum Beispiel sehen viele in der nächsten Grafik auch einen Kreis anstatt einer unvollständigen Anzahl von Punkten oder ein verkehrtes C.

Wir tendieren generell dazu, unvollständige Muster automatisch zu ergänzen. Genauso haben wir aber auch gelernt, dass es gesellschaftliche oder moralische Prinzipien gibt, nach denen wir uns zu verhalten haben. Dadurch wird aber nicht nur unser Verhalten bestimmt, sondern auch direkt unser Denken. Natürlich ist unsere Wahrnehmung immer auch abhängig von unseren aktuellen Lebensumständen.

Großmutter oder junge Frau?[1]

---

1 Quelle: W.E. Hill (1915), inspiriert von Wilke

So nehmen wir im unteren Bild, einer sehr berühmten Zeichnung, entweder eine alte Frau mit markanter Nase und gesenktem Kopf oder eine junge Frau mit Schleier, die von uns wegsieht, wahr.

Welche davon siehst du? Die Nase der Großmutter stellt das Kinn der jungen Frau dar, der Mund die Halskette und die weißen Haare den Schleier. Ebenfalls interessant ist die Vase mit den neun Delfinen. Oder siehst du etwa eine erotische Szene? Wenn du noch sehr kleine Kinder hast, zeig ihnen die Vase, nur keine Scheu! Du wirst überrascht sein. Denn sie können kein Pärchen in erotischer Stellung sehen, sondern nur neun Delfine. Kannst du sie jetzt auch erkennen? Sie befinden sich als schwarze Leerräume zwischen dem ineinander geschlungenen Paar.

Delfine oder ein erotischer Akt?[2]

Dies ist ein wunderbares Beispiel dafür, wie wenig uns selbst davon bewusst ist, dass überhaupt und wie unsere vorbewussten Filter aktiv sind. Doch täusche dich nicht, nur weil du bewusst nicht wahrnimmst,

---

2 Quelle: Sandra Del-Pret

welche Botschaft wirklich kommuniziert wird, bedeutet das nicht, dass du nicht davon beeinflusst wirst. Werbeexperten, Politiker, Führungskräfte und viele andere sind sich dessen durchaus bewusst und nutzen dieses Wissen für ihre eigenen Interessen.

Die Grafik unten zeigt auf, wie die Informationen (jede Information ist auch Feedback, also eine Reaktion auf unser Verhalten, siehe. die NLP-Axiome) durch vorbewusste Filter laufen, noch bevor wir sie bewusst bewerten können.

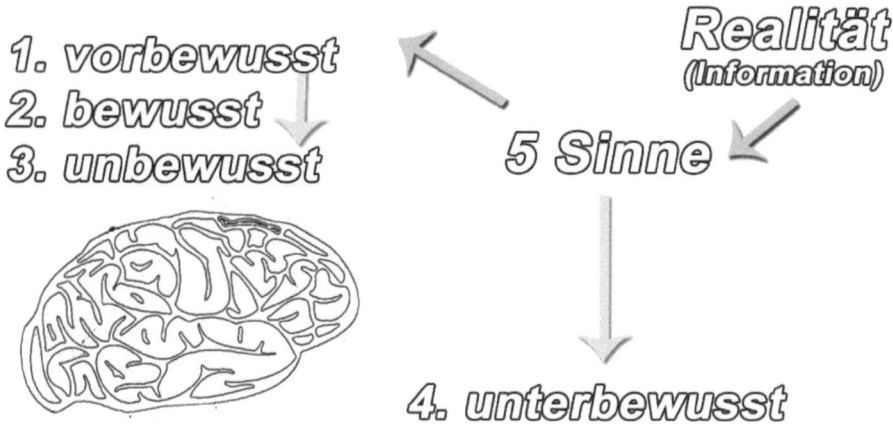

Entstehung der subjektiven Realität[3]

Diese Filter haben wir durch häufige Wiederholung und Nachahmung von Vorbildern erlernt und sind als Konditionierung bekannt. Natürlich können wir diese vorbewussten Filter selbst auch verändern, wenn wir uns dieser überhaupt bewusst sind. Meistens handeln wir jedoch, ohne groß darüber nachzudenken, wieso wir einen Sachverhalt, vor allem emotional, so beurteilen und nicht anders. Somit ist der erste Schritt einer erfolgreichen Veränderung immer, jene vorbewussten Filter zu beeinflussen. Dies kann etwa mit Metaphern und Reframing-Techniken erreicht werden.

---

3 Quelle: eigene Grafik

Das Gehirn bewertet nämlich konstant Einflüsse vom eigenen Selbst und von außen. Es selektiert und reagiert, und das sehr schnell. Oftmals, wenn wir noch glauben, wir würden erst abwägen, ist unsere Entscheidung bereits getroffen. Der Grund für die Schnelligkeit ist unsere Umwelt. Wir wären völlig überfordert damit, alle Informationen, die konstant durch unsere fünf Sinne auf uns einprasseln, einzeln zu bewerten und in Relation zu setzen. Deshalb hat unser Vorbewusstsein eine ganz spezielle Funktion. Es selektiert die Informationen aus, die unser bewusstes Denken erreichen. Du kennst das bestimmt von äußeren Einflüssen wie unangenehmen Gerüchen. Kommst du in einen Raum, in dem die Luft schlecht ist, bemerkst du dies sofort. Entschließt du dich jedoch in dieser Umgebung zu verweilen, gewöhnst du dich sehr schnell daran und bemerkst den Geruch gar nicht mehr, obwohl er noch da ist. Genauso funktioniert es mit unserem Verhalten. Sobald wir eine Strategie gefunden haben, die für uns erfolgreich ist, behalten wir diese bei. Dies unterstützt uns dabei, uns in der Welt zurechtzufinden und aktiv mit ihr interagieren zu können. Anders wäre es gar nicht möglich. Wir wären von viel zu viel Information schlichtweg überfordert. Dieser automatische Selektionsmechanismus, der es ja eigentlich gut mit uns meint, führt jedoch auch zu Komplikationen. Zum Beispiel sind ein Großteil der Vorurteile und Glaubenssätze uns selbst und anderen gegenüber, aber auch negative Verhaltensmuster und andere unerwünschte Strukturen unserer Persönlichkeit, die wir gerne positiv verändern würden, auf diesem Mechanismus begründet. Aus evolutionstheoretischer Sicht ist der Prozess, wie unsere vorbewusste Wahrnehmung, auch als „Wahrnehmungsfilter" bekannt, zustande kommt, relativ einfach zu erklären. Als Säugling werden wir in ein bestimmtes Umfeld geboren. Dieses Umfeld reagiert auf uns, sobald wir damit in Kontakt treten. Gehen wir beispielsweise davon aus, dass ein kleines Kind bei einem der ersten Gehversuche stolpert und hinfällt. Die normale Reaktion ist nicht das sofort einsetzende Weinen, sondern der Blick zur Bezugsperson, in diesem Fall die Mutter. Verzieht diese das Gesicht und schreit vor Angst um das Baby auf, wird auch das Kind augenblicklich weinen. Lacht die Mutter jedoch und beruhigt das Kleinkind und sagt: „Es ist ja alles nicht so schlimm", wird das Kind ebenfalls lachen und wieder aufstehen. Dieses Phänomen ist ebenfalls auf einer neurologisch sehr tiefen Ebene fest verankert und als „Spiegelneuronen" bekannt geworden.[ii]

Je mehr Erfahrungen wir sammeln, je mehr Feedback wir von unserer Umwelt erhalten, desto mehr Filter programmieren wir unweigerlich in unserem Vorbewusstsein. Der Begriff des Programmierens ist hier an das von Pawlow[4] bekannte Konditionieren angelehnt, der durch die Bemühungen, eine durch einen externen Reiz verknüpfte Reaktion hervorzurufen, meint einen bewussten Einfluss darauf nehmen zu können, welche Filter bei uns verankert werden. In diesem Fall das Klingeln einer Glocke, die jedes Mal läutet, wenn ein Hund sein Futter vorgesetzt bekommt. Wird dies mehrmals wiederholt, genügt es, die Glocke zu läuten, um beim Hund den Speichelfluss so anzuregen, als befände sich das Futter tatsächlich vor ihm, obwohl dies nicht der Fall ist. Auf jeden Fall ist nötig festzuhalten, dass wir nicht *ohne* Filter funktionieren. Zumindest nicht in der Welt und Umgebung, wie wir sie alltäglich kennen.

Anders formuliert: Im normalen Wachbewusstsein fungiert das Unterbewusstsein als Software Programm, das Einflüsse von außen durch vordefinierte Filter, erlernt aus Erfahrung, angeboren durch Evolution oder imaginiert mit unserer Vorstellung an unser Bewusstsein weiterleitet. Tatsächlich beweisen aktuelle Studien, dass unser Gehirn de facto keinen Unterschied zwischen realen und fiktiven Erfahrungen macht. Es ist also egal, ob wir uns eine Situation nur vorstellen oder sie tatsächlich durchleben. Die Entscheidungsmuster, die daraus resultieren, werden vom Unterbewusstsein gleichbehandelt. Lediglich die Intensität des Erlebens variiert von der Wahrnehmung nach außen und der Vorstellungskraft nach innen. Dieser Umstand ist jedoch ein weiterer

---

4 Interessant ist zu bemerken, dass Pawlow sich ebenfalls eingehend mit Hypnose befasste. Mehr dazu im Kapitel 1.3 „Die Geschichte der Hypnose".

Hinweis darauf, wieso Hypnose so gut funktioniert, da auch fiktive Szenarien unsere zukünftigen Entscheidungsmuster gezielt positiv beeinflussen können.

Eine kleine indische Anekdote[5] zu den vorbewussten Filtern: Es gab in Indien einen „Tempel der tausend Spiegel". In den Tiefen und der Einsamkeit des Dschungels gelegen, war sein Anblick gewaltig und herrlich. Eines Tages kam ein Hund, stieg die Stufen des Tempels hinauf und betrat den Tempel der tausend Spiegel. Als er in den Saal der tausend Spiegel kam, sah er tausend Hunde. Bei deren Anblick bekam er plötzlich Angst, sträubte das Nackenfell, klemmte den Schwanz zwischen die Beine, knurrte furchtbar und fletschte die Zähne. Und tausend Hunde sträubten das Nackenfell, klemmten die Schwänze zwischen die Beine, knurrten furchtbar und fletschten die Zähne. Voller Panik raste der Hund aus dem Tempel und glaubte von nun an, dass die ganze Welt aus knurrenden, gefährlichen und bedrohlichen Hunden bestehe.

Einige Zeit später kam ein anderer Hund zu dem Tempel der tausend Spiegel. Er stieg die Stufen hinauf und trat ein. Als er in den Saal mit den tausend Spiegeln kam, sah auch er tausend andere Hunde. Er aber freute sich. Er wedelte mit dem Schwanz, sprang fröhlich hin und her und forderte die Hunde zum Spielen auf. Dieser Hund verließ den Tempel mit der Überzeugung, dass die ganze Welt aus netten, freundlichen Hunden bestehe, die ihm wohlgesonnen seien.

Ein wichtiger Baustein deines NLP-Practitioner ist es demzufolge, deine Wahrnehmung zu erweitern und zu schärfen. Um dies zu tun, gehen wir zu allererst auf jene Sinne ein, mit denen wir überhaupt erst Informationen aufnehmen.

---

5 Gefunden in „Erfolgsprinzipien der Optimisten" v. Nikolaus B. Enkelmann.

3.6 Repräsentationssysteme

Erfolgreiche Kommunikation entsteht immer dann, wenn wir mit unserem Gegenüber bestmöglich in Verbindung treten. Besonders in Momenten, in denen es wichtig wird, die Gefühle des anderen anzusprechen, können Techniken des NLP hilfreich sein. So nutzen wir beispielsweise das VAKOG-Modell, um alle Sinneskanäle zu erreichen und damit das Erlebnis der Erinnerung möglichst lebendig wieder hervorzuholen. Diese fünf Sinneskanäle werden auch als Modalitäten bezeichnet. Je feiner die Eindrücke werden, desto gewichtiger werden die Submodalitäten – die nächstkleineren Bausteine der Sinneskanäle. Im visuellen Bereich beispielsweise hell und dunkel oder nah und fern, im auditiven Bereich etwa hoch und tief oder laut und leise. Es geht also um die Feineinstellung der Sinne. Führen wir unseren Gesprächspartner, gerade in Momenten die wir ankern wollen, tiefer in eine Emotion, dann können wir uns verschiedener Fragestellungen bedienen, um die Erinnerung klarer zu machen.

Wir unterscheiden zwischen folgenden Sinneskanälen:

- **V**isuell (Sehen)
- **A**uditiv (Hören)
- **K**inästhetisch (Fühlen)
- **O**lfaktorisch (Riechen)
- **G**ustatorisch (Schmecken)

Über diese Zusatzinformation in der Kommunikation, die auf die Repräsentationssysteme hindeuten, in denen der andere denkt, lässt sich nun individueller auf den Gesprächspartner eingehen. Wir können dadurch „in der Sprache des anderen" sprechen.

Ein visueller Typ wird dich besser verstehen, wenn du in möglichst bunten und lebendigen Bildern zu ihm sprichst. Auditive Typen hören gerne klingende Begriffe. Menschen, die stark im Gefühl leben, brauchen Gewissheit darüber, ob sich alles Gesagte auch passend anfühlt. Hier einige Beispiele für Worte, die auch in der Sprache für diese Sinneskanäle oft benutzt werden. Diese kannst du je nach Gesprächspartner mehr oder weniger einsetzen, um mit noch mehr Wirkung zu kommunizieren. Ebenfalls unterstützt du damit die Vorstellungskraft des Klienten bei der Erzählung von Traumreisen und Metaphern.

> *„Du weißt bereits, wie es ist, angenehme Empfindungen wie die Wärme der Sonne auf der Haut oder Empfindungen, die einen erröten lassen, zu genießen. Manche Menschen sind imstande, sich ihr Lieblingsessen so gut vorzustellen, dass sie es tatsächlich schmecken können. Das Salz und der Geruch des Wassers sind für die meisten Menschen angenehm, wenn sie ihn wahrnehmen. Ich kannte einmal einen Menschen, der nicht erröten konnte, wenn er bestimmte Gefühle über sich erlebte. Wir können uns oft nicht mehr an Erfahrungen erinnern, die uns ärgerten, obwohl wir damals oft die Stirne darüber gerunzelt haben. Auch wenn wir eine Erfahrung gefunden haben, die uns unbewusst bleibt, weil es zu schmerzlich wäre, sich daran zu erinnern, können wir darüber die Nase rümpfen. Viele von uns versuchen, Erinnerungen zu vermeiden, die Tränen fließen lassen und doch sind es diese Erinnerungen, die von den wichtigsten Dingen handeln. Wir haben schon alle beobachtet, wie jemand über einen ganz privaten Gedanken lächeln konnte und uns dabei ertappt, dass wir selbst anfingen zu lächeln."*

Erfolgreiche Kommunikation entsteht immer dann, wenn wir mit unserem Gegenüber bestmöglich in Verbindung treten. Besonders in Momenten, in denen es wichtig wird, die Gefühle des anderen anzusprechen, kann das VAKOG-Modell hilfreich sein, um alle Sinneskanäle zu erreichen und damit das Erlebnis möglichst lebendig aus der Erinnerung wieder hervorzuholen. Diese fünf Sinneskanäle werden auch als Modalitäten bezeichnet.

3.7 Submodalitäten

Je feiner die Eindrücke werden, desto gewichtiger werden die Submodalitäten, die nächstkleineren Bausteine der Sinneskanäle.

Im visuellen Bereich beispielsweise hell und dunkel oder nah und fern, im auditiven Bereich etwa hoch und tief oder laut und leise. Es geht also um die Feineinstellung der Sinne. Führen wir unseren Gesprächspartner, gerade in Momenten, die wir ankern wollen, tiefer in eine Emotion, dann können wir uns verschiedener Fragestellungen bedienen, um die Erinnerung klarer zu machen[iii].

Wichtig! Unterscheide dabei zwischen Körperempfindungen wie Gefühlen, die im Körper spürbar sind und Emotionen wie Meta-Gefühlen. Meta-Gefühle sind bewertende Emotionen, in denen die Informationen aus allen Sinnen einfließen. Körperempfindungen sind ausschließlich spezifische Gefühle, wie zum Beispiel ein angenehmes Wärmegefühl in der Brustgegend. Meta-Gefühle dienen bei der Arbeit mit Submodalitäten lediglich als Überprüfung für die Wirkung bestimmter Submodalitäten.

Nutze die Repräsentationssysteme und die Submodalitäten deines Gegenübers, um deutlich schneller Rapport herzustellen. Zudem kannst du mit den Submodalitäten die Emotionen verstärken, die du ankern möchtest.

Visuelle Submodalitäten

1. Film / Standaufnahme	Ist es ein Film oder eine Standaufnahme?
2. Farbe / Schwarzweiß	Ist das Bild in Farbe oder Schwarzweiß gehalten?
3. Rechts / Links / Mitte	Wo befindet sich das Bild? Rechts, links, mittig?
4. Oben / Mitte / Unten	Befindet sich das Bild oben, in der Mitte oder unten?
5. Hell / Gedämpft / Dunkel	Ist das Bild hell, gedämpft, dunkel?
6. Lebensgröße / Größer / Kleiner	Hat das Bild Lebensgröße, ist es größer oder kleiner?
7. Nähe	In welcher Entfernung zu dir befindet sich das Bild?
8. Schnell / Langsam	Bewegt sich das Bild schnell, in gemäßigtem Tempo oder langsam?
9. Bestimmter Blickwinkel	Befindet sich ständig ein bestimmtes Element im Brennpunkt?
10. Ihr Standort	Bist du Teil des Bildes oder beobachtest du die Szene aus einiger Entfernung?
11. Rahmen / Panorama	Hat das Bild einen Rahmen oder handelt es sich um eine Panoramaaufnahme?
12. 3-D / 2-D	Ist das Bild drei- oder zweidimensional?
13. Besondere Farbe	Gibt es eine Farbe, die dich am meisten beeindruckt?
14. Standpunkt	Betrachtest du das Bild von oben, von unten, von der Seite, usw.?
15. Bestimmte Auslöser	Gibt es noch andere Reize, die starke Gefühle bei dir auslösen?

Kinästhetische Submodalitäten

1. Temperaturveränderung	Hat eine Temperaturveränderung stattgefunden? Heiß oder kalt?
2. Oberflächenstruktur	Hat eine Veränderung der Oberflächenstruktur stattgefunden? Rau oder weich?
3. Starr / Flexibel	Ist sie starr oder flexibel?
4. Vibration	Sind Vibrationen zu spüren?
5. Druck	Hat der Druck zu- oder abgenommen?
6. Druckquelle	Wo befand sich der Ausgangspunkt des Drucks?
7. Anspannung / Entspannung	Hat die Anspannung oder die Entspannung zugenommen?
8. Bewegung	Richtung/Geschwindigkeit. War eine Bewegung zu verzeichnen? Wenn ja, in welche Richtung und mit welcher Geschwindigkeit?
9. Atmung	Welche Atemtechnik? Wo begann oder endete sie?
10. Gewicht	Schwer oder leicht?
11. Stetig / Intervalle	Sind die Gefühle anhaltend oder werden sie in Abständen ausgelöst?
12. Größe / Formveränderung	Hat sich die Größe oder Form verändert?
13. Richtung	Sind die Gefühle in den Körper ein- oder sind sie ausgeströmt?
14. Bestimmte Auslöser	Gibt es noch andere Reize, die starke Gefühle in dir auslösen?

Auditive Submodalitäten

1. Selbst / Andere	Sagst du etwas zu dir selbst oder hörst du etwas von anderen?
2. Inhalt	Was genau sagst oder hörst du?
3. Die Art, wie es gesagt wird	Wie sagst oder hörst du es?
4. Lautstärke	Wie laut ist das Gesagte?
5. Klangcharakter	Wie ist der Klangcharakter beschaffen?
6. Tempo	Wie schnell wird es gesagt?
7. Quelle	Woher stammen die Laute und Geräusche?
8. Harmonie/Kakophonie	Sind die Laute harmonisch oder gibt es Dissonanzen?
9. Regelmäßig / Unregelmäßig	Sind die Laute regelmäßig oder unregelmäßig zu hören?
10. Modulation	Ist die Stimme moduliert?
11. Bestimmte Worte	Werden bestimmte Worte betont?
12. Zeitdauer	Wie lange sind die Laute zu vernehmen?
13. Einzigartigkeit	Was ist an diesen Lauten so einzigartig?
14. Bestimmte Auslöser	Gibt es noch andere Reize, die starke Gefühle in dir auslösen?

3.8 Konditionierung

Im normalen Wachzustand arbeiten unser Gehirn und unser Geist mit größter Kritikfähigkeit. Das Gehirn bewertet konstant Einflüsse vom eigenen Selbst und von außen. Es selektiert und reagiert, und das sehr schnell. Oftmals, wenn wir noch glauben, wir würden erst abwägen, ist unsere Entscheidung bereits getroffen. Der Grund für die Schnelligkeit ist unsere Umwelt. Wir wären völlig überfordert damit, alle Informationen, die konstant auf uns einprasseln, einzeln zu bewerten.

Je mehr Erfahrungen wir sammeln, je mehr Feedback wir also von unserer Umwelt erhalten, desto mehr Filter programmieren wir unweigerlich in unserem Vorbewusstsein. Der Begriff „programmieren" ist hier an das von Pawlow[6] bekannte „Konditionieren" angelehnt, der durch die Bemühungen, eine durch einen externen Reiz verknüpfte Reaktion hervorzurufen (in diesem Fall das Klingeln einer Glocke, die jedes Mal läutet, wenn ein Hund sein Futter vorgesetzt bekommt. Wird dies mehrmals wiederholt, genügt es, die Glocke zu läuten, um beim Hund den Speichelfluss so anzuregen, als befände sich das Futter tatsächlich vor ihm (obwohl dies nicht der Fall ist.) Programmieren meint hier, dass wir bewusst Einfluss darauf nehmen können, welche Filter bei uns verankert werden. Auf jeden Fall ist nötig festzuhalten, dass wir nicht *ohne* Filter funktionieren (zumindest nicht in der Welt und Umgebung, wie wir sie alltäglich kennen).

Anders formuliert: Im normalen Wachbewusstsein fungiert das Unterbewusstsein als Software Programm, das Einflüsse von außen durch vordefinierte Filter (erlernt aus Erfahrung, angeboren durch Evolution oder imaginiert mit unserer Vorstellung) an unser Bewusstsein weiterleitet. Es kann jedoch, wie bereits weiter oben erwähnt, passieren, dass unser Unterbewusstsein andere Muster programmiert hat als unser Bewusstsein sich wünscht. Beispielsweise könnten wir uns in Gedanken vorsagen: „Ich schaffe das. Ich bin gut genug voranzukommen und erfolgreich zu sein", - wohingegen unser Unterbewusstsein eine negative Meldung sendet, wie etwa „Wirklich, gut genug wofür? Wie war es mit...? Erinnerst du dich?" Der Grund für diese negative Programmierung könnte in unterschiedlichsten Szenarien verborgen sein, sei es die Angst vor der Vergangenheit oder in einer Vorstellung projiziert. Vielleicht rühren die negativen Glaubenssätze aus der Jugend und waren Einflüsse von außen, durch Eltern, Lehrer, Freunde oder Bekannte. Oftmals gibt es ein sehr komplexes Muster aus relationalen Erfahrungen und Glaubenssätzen, die hier einen wahren Irrgarten bilden können. Diese lassen sich in normalem Wachzustand nur sehr aufwändig aufschlüsseln, so wie es die typische Langzeitgesprächstherapie versucht.

---

6 Interessant ist zu bemerken, dass Pawlow sich ebenfalls eingehend mit Hypnose befasste. Mehr dazu im Kapitel 1.3 „Die Geschichte der Hypnose".

Doch mit Logik lassen sich emotional verankerte Verhaltensmuster nur sehr zeitaufwändig, falls überhaupt, lösen oder verändern. Dies liegt unter anderem daran, dass im Wachzustand nur sehr wenig Information zu unserem Kern durchdringt. „Sehr wenig" ist hier in Vergleich mit dem Trancezustand zu verstehen, in dem unsere Aufnahmefähigkeit für neue Informationen um ein Vielfaches höher ist. So ist es nicht verwunderlich, dass viele Methoden des Super-Learning klar den Vorteil vom Lernen auch klassischer Schulstoffe wie Mathematik, Sprachen, Wissenschaft und so weiter im Alpha-Zustand aufzeigen[iv].

3.9 Verhalten

Im NLP existieren unter anderen zwei Grundannahmen zum Verhalten, auf die kurz eingegangen werden soll, bevor geklärt wird, *was* Verhalten tatsächlich ist. Das erste Axiom lautet, dass jedes Verhalten eine positive Absicht hat, denn jeder Mensch handelt in der für ihn in diesem Moment bestmöglichen Art und Weise. Auch wenn anderen aus ihrer Weltperspektive diese Handlung negativ erscheint, so ist sie in jenem Moment für den anderen positiv, womöglich weil er nicht genug Handlungsalternativen kennt und ihm deshalb die Möglichkeiten fehlen. Dies ist ein Denkanstoß, sich in die Welt des anderen zu versetzen. Das zweite Axiom lautet: Das Verhalten eines Menschen ist nicht seine Persönlichkeit. Im NLP wird Motivation, der Grund für ein Verhalten oder der Charakter selbst, getrennt vom Prozess, also der Handlung wahrgenommen. Es ist möglich, jeden Menschen für das zu akzeptieren, was er ist. Dennoch zählt in der Realität häufig das, *was* wir tun, und wird dem gleichgestellt, was wir *sind*. Spätestens nach Kapitel 6.3 sollte aber klar sein, wie diese Trennung vorgenommen werden kann.

Grundsätzlich unterscheiden wir zwei Arten von Verhalten: angeborenes und erlerntes Verhalten. Beispielsweise sind unsere Urinstinkte (wozu auch Teile der Intuition gezählt werden können), aber auch Emotionen und Gemütsstimmungen angeboren. Anders wäre unsere Entwicklung zum Homo Sapiens Sapiens laut der Evolutionstheorie nicht möglich.

Diese angeborenen Verhaltensmuster erfüllen meist einen bestimmten Zweck. Als treffendes Beispiel wäre hier die Angst, aus großer Höhe zu fallen, zu nennen oder die vor lauten Geräuschen. Dies sind überdies die einzigen angeborenen Ängste, beide jedoch aus gutem Grund. Gerade für Kleinkinder sind dies die zwei bedrohlichsten äußeren Einflüsse. Und beide Ängste sind auch in unserem Erwachsenenalter nach wie vor stark ausgeprägt, sei es nun als eine leichte Höhenangst (oder würdest du dich wirklich ohne Bedenken soweit an die Kante der Terrasse stellen, wenn dort kein schützendes Geländer wäre?) oder dem Schreckmoment in Horrorfilmen, der meistens durch bedrohliche Musik vorbereitet wird, gefolgt von kurzer Stille und einem plötzlichen, lauten Knalleffekt, der dich im Sessel zusammenzucken lässt.

Alle anderen Ängste (laut Dr. Richard Bandler) sind durch Erfahrungen (Feedback der Umwelt) angelernt. Das bedeutet, dass sie nur bestimmte Verhaltensmuster sind, die mit einem heftigen emotionalen Zustand verknüpft sind, beziehungsweise in diesen übergehen. Bestimmte Emotionen sind uns angeboren. Unsere Emotionsdatenbanken sind jedoch offen und nicht geschlossen. Diese Datenbanken sind ebenso wie die Programme, die unsere Reaktionen auf unsere unterschiedlichen Emotionen steuern, bei unserer Geburt nicht leer. Die Evolution hat Anweisungen darin niedergelegt, wie du zu reagieren hast (Reaktion oder Verhalten), und Empfindsamkeiten vorgegeben, die bestimmen, worauf du reagierst (Reize, wie Anker oder Trigger). Du kannst jedoch jederzeit neue Auslöser und emotionale Reaktion erlernen. Dein Unterbewusstsein ist im übertragenen Sinne relativ faul. Sobald es ein programmiertes Verhalten gespeichert hat, das dich zum Ziel führt, wird dieses Verhalten nicht weiter hinterfragt und beibehalten. Dabei ist jedoch zu bedenken, dass du meist das Verhalten wählen wirst, das dir am meisten Befriedigung und am wenigsten Umstände bereiten wird – dies aber immer in der jeweiligen kontextabhängigen Wertehierarchie der Person. So könnte es durchaus möglich sein, dass eine Mutter sich vor ein fahrendes Auto wirft, um ihre Kinder zu schützen. Ihr Verhalten ist vom eigenen Überlebensinstinkt her unlogisch, doch in ihrer Wertestruktur steht das Überleben ihrer Kinder über dem eigenen. So wird unterbewusst und meist in Bruchteilen einer einzelnen Sekunde ein Verhalten ausgelöst, ohne dass du bewusst Pro und Contra abwiegen kannst. Deshalb kommt es bei vielen Menschen oft auch zu Handlungen, die sie nachher selbst als „unbedacht" oder „unlogisch" bezeichnen, etwa nach einem so genannten „Impulskauf". Denn mit dem Verstand eine unterbewusste Musterauslösung verstehen zu wollen, setzt voraus, dass das Bewusstsein sich über die volle Tragweite der Reizreaktion, die oben angesprochen wurde, im Klaren ist.

Diese emotionalen Zustände beeinflussen jedoch nicht nur deinen gegenwärtigen Gefühlszustand, sondern auch deine Folgehandlungen. Natürlich kann ein Verhaltensmuster auch verändert werden. Meist geschieht dies dann, wenn du für dieselbe Zielerreichung ein effektiveres Muster findest. Das alternative Verhalten kostet dich dann entweder weniger Aufwand, bringt mehr Ertrag oder beides in Kombination. Somit hast du einen besseren Weg gefunden, zum Ziel zu kommen und wirst dein Verhalten dementsprechend adaptieren. Du handelst stets nach den Möglichkeiten, die du kennst. Bist du auch auf der Suche nach besseren Verhaltensweisen, selbst wenn du schon eine zielführende Variante gefunden hast? Die meisten Menschen geben sich damit zufrieden, eine halbwegs funktionierende Strategie zu kennen und schieben Fehlschläge einer Strategie, die „normalerweise" funktioniert, aber in einem „Ausnahmefall" eben nicht, auf die Umwelt. Selbst wenn dieser Ausnahmefall nach einiger Zeit zur Regel wird, werden weiterhin Ausreden gesucht, die ein Umdenken oder die Veränderung des Verhaltens angeblich unnötig machen. Hüte dich vor der Trägheit deines eigenen Verstandes und gib dich nicht mit weniger zufrieden, als du verdient hast. Ansonsten werden andere Menschen Verhaltensweisen für dich programmieren, die zwar auch zum Teil in deinem Interesse liegen mögen, vielleicht aber nicht dem entsprechen, was du ursprünglich wolltest. Wie genau dies ohne deine bewusste Kenntnisnahme passiert, wie erkennt man NLP, oder wie du selbst die vorbewussten Filter und das unbewusste Verhalten anderer Menschen beeinflussen kannst, erlebst du hautnah in einer NLP-Ausbildung.

3.10 Werte und Glaubenssätze

Bevor wir uns damit beschäftigen, wie wir Ziele besser, schneller und leichter erreichen, möchten wir uns zunächst mit dem sehr spannenden und wichtigen Thema *Werte* beschäftigen. Werte haben einen sehr großen Einfluss auf unser Leben und sind uns dennoch meist unbewusst. Durch die bewusste Auseinandersetzung mit unseren Werten schaffen wir eine gute Basis dafür, die Ziele engagiert zu verfolgen, die es uns wirklich wert sind. Werte sind Dinge,

- die uns wichtig sind,
- die uns motivieren,
- die uns sagen, was richtig oder falsch ist,
- die uns sagen, was gut oder böse ist,
- für die wir Zeit und Ressourcen aufwenden.

> Werte können sein: *Freiheit, Ordnung, Offenheit, Kollegialität, Zurückhaltung, Sicherheit, Pünktlichkeit, Unabhängigkeit, Lebendigkeit, Hilfsbereitschaft, Respekt, Freundschaft...*

Werte beeinflussen unsere Zufriedenheit maßgeblich! Sie bestimmen unsere Kultur, bestimmen unsere Zufriedenheit und sind Motor beziehungsweise die Initiatoren für unser Verhalten. Selbst Firmen haben bestimmte Werte, egal, ob sie explizit sind oder nicht. Können wir im Einklang mit unseren Werten leben und arbeiten, so geht es uns gut und wir sind zufrieden. Wir sind in der Lage, zum Beispiel in beruflichen Dingen mehr Leistung und Einsatz zu bringen.

Es kommt jedoch auf den *Kontext* an, denn es gibt globale Werte, die das ganze Leben betreffen und kontextabhängige Werte. Das heißt, dass die Werte im Kontext „Beruf und Erziehung" und „Persönlichkeit und Freundschaft" jeweils unterschiedlich sein können. So kann im beruflichen Bereich der Wert „Erfolg" sehr hoch angesiedelt sein, im Bereich Freundschaft jedoch überhaupt keine Rolle spielen, wo vielleicht eher „Vertrauen" zählt. Dennoch werden sicherlich je Lebensbereich, also je Kontext nicht völlig gegenteilige Werte an erster Stelle stehen. Der Mensch hat im Durchschnitt ca. 10 bis 20 aktive Werte, also eine relativ begrenzte Anzahl. Werte sind dabei sehr zeitstabil und zäh. Sie können nicht einfach von heute auf morgen verändert werden, es sei denn, die Lebensumstände ändern sich dramatisch, wie zum Beispiel nach der Geburt des ersten Kindes. Umso spannender ist es, sich mit seinen eigenen Werten auseinanderzusetzen.

Woran aber nun erkennen, ob ein Wert erfüllt ist oder nicht? Für den einen mag „Sicherheit" zum Beispiel bedeuten, dass finanziell genügend Ressourcen vorhanden sind. Für jemand anderen bedeutet „Sicherheit", sich immer auf seine Freunde verlassen zu können, und wieder ein anderer Mensch schließt sich am liebsten zu Hause ein, um sicher zu sein.

Sehr ähnlich anmutende Werte können somit völlig unterschiedlich gelebt werden, was sich erst anhand der *Kriterien* merkbar macht. Deshalb sind Kriterien auch wichtige Indikatoren dafür, ob wir unsere Werte in die Realität umsetzen oder nicht gemäß unseren Vorstellungen leben.

Eine der bemerkenswertesten Eigenschaften von Glaubenssätzen[7] ist, dass sie sich nicht wie Verhalten oder Fähigkeiten beschaffen sind, da sie auf einer anderen Ebene der Persönlichkeitsstruktur programmiert sind, die resistenter gegenüber Veränderung ist.

Eines der klassischen Beispiele hierfür ist der Mensch, der glaubt, er sei eine Leiche[v]. Er isst nicht und geht nicht zur Arbeit. Er sitzt bloß die

---

7 Die Begriffe Glaubenssatz und „Überzeugung" werden in diesem Kapitel synonym verwendet.

ganze Zeit über da und behauptet, er sei eine Leiche. Der Psychiater versucht, den Mann davon zu überzeugen, dass er nicht wirklich tot ist. Sie streiten lange über die Frage und schließlich fragt der Psychiater: „Können Leichen bluten?" Der Mann denkt einen Augenblick lang nach und sagt dann: „Nein! Weil alle Körperfunktionen zum Stillstand gekommen sind, kann eine Leiche nicht bluten." Daraufhin meint der Psychiater: „Also gut, dann wollen wir jetzt einmal ein Experiment durchführen. Ich werde eine Nadel nehmen, Ihnen damit in den Finger stechen und schauen, ob er blutet."

Da der Patient ja eine Leiche ist, kann er nicht viel dagegen einwenden. Der Psychiater sticht ihm also die Nadel in den Finger und der Finger des Mannes fängt an zu bluten. Der Patient schaut sich die Sache völlig verblüfft an und ruft aus: „Verdammt! Leichen bluten tatsächlich!"

Wie der Coach oder Hypnotherapeut diese Glaubenssätze nun verändern kann, hängt vor allem davon ab, in welchem Zusammenhang sie mit anderen Ebenen der Persönlichkeit stehen.

3.11 Die neurologischen Ebenen

Gregory Bateson hat gezeigt, dass es bei Lernprozessen, der Veränderung und unserer Kommunikation natürliche Hierarchien der Ebenen gibt. Die Funktion jeder Klassifikation ist, die Information auf der darunter liegenden Ebene zu organisieren. Die Regeln, nach denen eine Information auf einer bestimmten Ebene geändert wird, unterschieden sich von jenen Regeln der anderen Ebenen. Eine Änderung auf einer der weiter unten gelegenen Ebene kann, muss aber nicht unbedingt die darüber liegenden beeinflussen. Aber, wenn etwas auf den oberen Ebenen verändert wird, verändern sich notwendigerweise auch die Dinge auf den darunter liegenden Ebenen.

Dilts beschreibt die neurologischen Ebenen wie folgtvi: „Ich verändere meine Umgebung oder wirke auf sie ein mit Hilfe meines Verhaltens.

Um mein Verhalten zu verändern, muss ich auf der Ebene darüber sein: der Fähigkeiten. Ich kann mein Verhalten nicht wirklich verstehen oder es verändern, ehe ich nicht über ihm bin. Die Ebene der Fähigkeiten könnte man mit dem Puppenspieler vergleichen, der eine Marionette führt. Um eine Fähigkeit zu verändern, muss ich auf der nächst höheren Ebene sein: auf der Ebene der Glaubenssätze. Und um einen Glaubenssatz zu verändern, um aus dem Einflussbereich meiner Glaubenssätze herauszukommen, so dass ich sie mir wirklich anschauen und sie verändern kann, muss ich anfangen, aus meiner reinen Identität heraus zu operieren." Die Identität wiederum wird bestimmt von der Vision, die wir von uns selbst haben beziehungsweise der Zugehörigkeit, der wir uns zurechnen beispielsweise einer Religion, einer politischen Ausrichtung oder Ähnlichem.

Quelle: eigene Grafik

Mit unserem Verhalten wirken wir auf die Umwelt ein und die Umwelt beeinflusst wiederum unser Verhalten. Eine typische Feedbackschleife, wie sie bereits weiter oben beschrieben wurde und vor allem später im Kapitel zur Bestimmung des Selbstwertes wichtig wird. Auch wenn das Modell von Dilts seine Schwächen[vii] hat, weil beispielsweise eine Hierarchie eingeführt wird, wo ein zirkuläres System besteht, so ist es, doch aufgrund seiner Übersichtlichkeit gut im Coaching-Alltag einsetzbar. Behalte dennoch im Kopf, dass sich hier jede Ebene gegenseitig beeinflussen kann, weshalb die grafische Darstellung mehr Vorzeigecharakter als tatsächlichen Verwendungswert für therapeutische Interventionen hat.

In der Veränderungsarbeit mit NLP bewegen wir uns vor allem mit der Ebene der Glaubenssätze. Dennoch ist es wichtig, in einem ausführlichen Vorgespräch zu klären, wie diese Ebene die anderen, insbesondere Identität (Selbstbild) und Fähigkeiten, beeinflusst und vice versa. Indem wir die Glaubenssätze des Klienten durch gezielte Suggestionen verändern, beziehungsweise stärkere, positive als Überlagerung der alten, negativen einsetzen werden neue Möglichkeiten und Fähigkeiten eröffnet.

Beispiel: Ein Klient spricht im inneren Dialog häufig negativ zu sich selbst: *„Mir fehlt das Gespür dafür, ich bin einfach nicht gut genug."* Hier besteht eine Mischung aus Fähigkeiten (Können) und Identitätsebene (Sein). Dies mündet in einem Glaubenssatz *„Ich kann das nicht."* Indem nun dieser Glaubenssatz verändert wird, beispielsweise mithilfe einer Suggestion *„Alles, was du dir vornimmst und was gut für dich ist, erreichst du auch"*, verändert dies vorerst die Fähigkeitsebene. Es besteht nun die Möglichkeit, dass eine Aufgabe lösbar ist. Aufgrund dieser Lösbarkeit (ein neuer Glaubenssatz) werden die (von Anfang an!) vorhandenen Ressourcen aber erst jetzt erkannt. Diese Fähigkeiten werden nun in einem neuen Verhalten, einer Alternativstrategie manifestiert und dadurch die Umwelt des Klienten auf eine andere Weise als bisher beeinflusst. Gehen wir davon aus, dass dies ein zielführendes Verhalten ist. Das Feedback der Umwelt ist also positiv und der Hypnotisand wird in seinem neuen Verhaltensmuster bestärkt. Es ist wichtig zu erwähnen, dass ein Klient zur vollen Integration eines neuen Verhaltensmusters noch einen zusätzlichen „convincer", in der Form eines positiven Feedbacks, benötigt, um die Konditionierung dauerhaft zu programmieren. Dies wäre in diesem Fall die Reaktion der Umwelt, die dazu führt, dass das neue, zielführendere Verhalten ab jetzt angewendet wird, anstelle des alten, nicht zielführenden. Durch die Feedbackschleife wird nun auch der neue Glaubenssatz, dessen keimender Same ja die Suggestion war, verstärkt. Dies beeinflusst wiederum die Identitätsebene, aus dem Glaubenssatz *„Ich kann meine Ziele erreichen"* wird zu *„Ich bin erfolgreich."* Eine mächtige Transformation mit großer Wirkung!

3.12 Affirmation

Eine Affirmation ist ein bejahender Satz, den wir uns selbst wieder und wieder sagen, um unsere Gedanken umzuprogrammieren. Es sind Suggestionen, die durch kontinuierliches Wiederholen auch ohne Trance ihre Wirkung entfalten. Der bekannteste Vertreter war Emil Coué, Begründer der modernen, bewussten Autosuggestion. Durch Beobachtungen und seine eigenen Rückschlüsse entwickelte er eine Methode, um Menschen mittels Affirmationen zu helfen. Seine Universalformel lautete: „Mir geht es jeden Tag in jeder Hinsicht immer besser und besser." Diese sollte dreimal täglich, halblaut zwanzigmal hintereinander gesprochen werden. Emil Coué konnte hiermit auch erstaunliche Erfolge verzeichnen. Affirmationen funktionieren sehr gut, solange es keinen inneren Widerstand gegen diese gibt. Beispiele für positive Affirmationen finden sich bei den Axiomen des NLP oder im „ZHI Manifest", wie wir es gerne als Poster in unseren Ausbildungen nutzen (nächste Seite). Eine Anmerkung zum *positiven Denken*. Positives Denken und Affirmationen erscheinen auf den ersten Blick sehr ähnlich. Positives Denken wird dabei oft mit Zweckoptimismus und dem Ignorieren von „unangenehmen Tatsachen" gleichgesetzt. Es gibt Menschen, die das genau so durchführen und damit natürlich auch keinen Erfolg haben. Positives Denken ist die Fähigkeit, sich auf die Dinge zu konzentrieren, die gut für einen sind. Also das, was funktioniert, was einem gute Gefühle bereitet. Genauso die Fähigkeit, Schönheit zu erkennen. Statistisch gesehen haben wir pro Tag deutlich mehr positive Erlebnisse als negative. Doch bleiben vielen meist nur die negativen Erlebnisse in Erinnerung. Des Weiteren heißt positives Denken, aus den Dingen, die schlecht gelaufen sind, entsprechende Lernerfahrungen zu ziehen. Affirmationen hingegen sollen gezielt unseren Geist neu ausrichten. Welche Affirmationen nutzt du, um dich positiv zu programmieren?

3.13 Das T.O.T.E. Modell

Um einen lösungsorientierten Ansatz zu verfolgen, also beispielsweise die Handlungsalternativen in einer emotional einschränkenden Situation zu erweitern, empfiehlt sich die direkte und kontinuierliche Selbstreflexion. Diese setzt sich aus Bewusstmachung der aktuellen Situation und darauf aufbauender Bestimmung von jetzigem Ist- und erwünschtem Sollzustand zusammen. Dabei bedienen wir uns des T.O.T.E. Modells, einem Modell aus der Kybernetik, das Miller, Galanter und Pribram entwickelt haben: Test, Operate, Test, Exit.

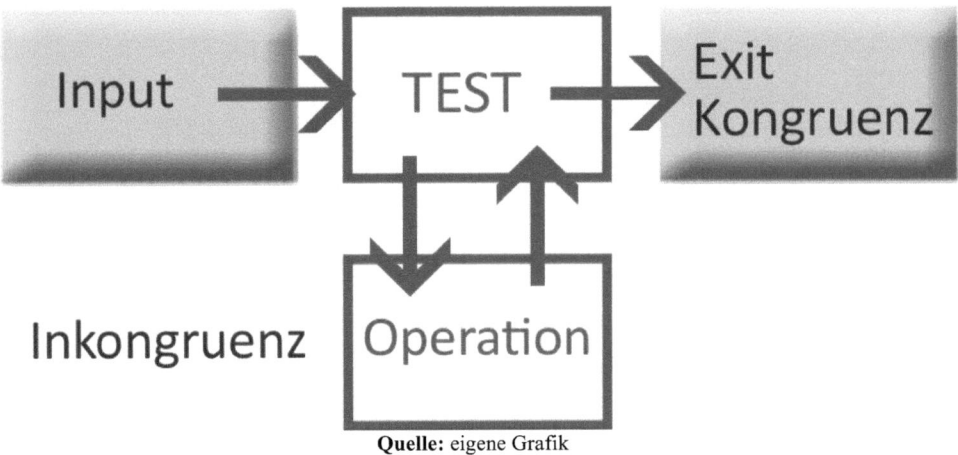

Quelle: eigene Grafik

Dieses Modell hilft im Kontext des Coachings besonders dabei, flexibel in Problemsituationen zu reagieren und neue Lösungsansätze zu finden. Sobald der Klient den Istzustand definiert hat und einen Sollzustand, gemäß den Wohlgeformtheitskriterien, formuliert hat, werden mit kreativen Fragen neue Alternativhandlungsweisen gesucht.

„Welche anderen Möglichkeiten gäbe es, dein Ziel zu erreichen?"

„Kennst du andere Menschen, die erreicht haben, was du möchtest? Wie haben sie es geschafft? Wie könntest du deren Handlungen nachahmen?"

„Was ist das Wichtigste, das du tun kannst, um dein Ziel zu erreichen? Was das Zweitwichtigste, was das Drittwichtigste..."

„Hast du dein Ziel schon einmal erreicht? Wenn ja, was hast du getan, um es zu erreichen? Könntest du das heute wieder tun? Wenn nicht, was könntest du stattdessen tun?"

„Stell dir vor, du wärst in der Zukunft und hättest dein Ziel schon erreicht. Blick auf den heutigen Tag zurück und auf den Weg, der hinter dir liegt. Wie hast du es dorthin geschafft?"

Nun gilt es, diese Alternativmöglichkeiten (Test) in der Realität zu erproben (Operate). Ist das Feedback positiv, bleibt der Klient beim Verhalten (Exit). Ist es nicht zielführend, so wird ein neues Verhalten getestet (Test), bis der Klient sein Ziel erreicht (Exit). Ein guter Coach begleitet seinen Hypnotisanden so lange auf seinem Weg, bis das Ziel erreicht wurde. Dies ist darüber hinaus eine schön formulierte Erwartungshaltung an den Klienten:

„Wir arbeiten gemeinsam für deinen Erfolg, bis du ihn erreicht hast! Ich gehe erst, wenn du angekommen bist. Und wenn du der letzte Klient bist, den ich habe."

3.14 Ankern

Nahezu alle Abläufe, die regelmäßig vorkommen, sind einfach in unserem Unterbewusstsein verankert. So sind zum Beispiel auch die Autoschlüssel ein solcher Anker. Jeden Morgen vor dem Weg zur Arbeit nehmen wir diese, schließen die Autotür damit auf, starten den Motor und fahren los. Wir handeln einfach und denken gar nicht über den genauen Ablauf nach. Das Gleiche geschieht, wenn wir eine geschlossene Tür vor uns haben. Unbewusst öffnen wir die Tür mit der Klinke und gehen hindurch. Diese Abläufe geschehen völlig

„automatisch", sie sind in unserem Unterbewusstsein verankert. Diese Prozesse machen wir uns wie bereits oben beschrieben mit der Technik des „pattern interrupt" zunutze, beispielsweise mit dem Handshake-Interrupt.

Verankern bedeutet, bei einer bestimmten Bewegung, Handlung oder einem bestimmten Wort eine bestimmte Reaktion auszuführen. Diese Formen der Verankerungen (vgl. Konditionierung) nutzen zum Beispiel auch Leute mit Phobien. Wer Angst hat, über eine Brücke zu gehen, reagiert automatisch ängstlich, wenn plötzlich eine Brücke auftaucht, denn es ist so im Unterbewusstsein verankert.

Ein Anker ist die Verknüpfung einer bestimmten Reaktion mit einem Reiz von außen. Anker können in jedem Repräsentationsmodell gezielt gesetzt werden. Jeder Reiz, der mit einem der 5 Sinne wahrnehmbar ist, kann als Anker genutzt werden. Jede Emotion, die bisher erlebt wurde, ist in deiner Erinnerung gespeichert und kann mit Hilfe von Ankern jederzeit abgerufen werden.

- Visuelle Anker: Bilder, Blicke, Logos, Umgebung
- Auditive Anker: Lieder, Stimmen, Worte
- Kinästhetische Anker: Berührungen, Gefühle
- Olfaktorische Anker: Parfum, Gerüche
- Gustatorische Anker: Geschmäcker

Anker begleiten uns durchs ganze Leben. Schon in der Kindheit prägt dich, der Ehering deiner Eltern, vielleicht sogar dein eigener, das sind die wohl stärksten Anker zwischenmenschlicher Beziehungen. Das Lied, welches bei deinem ersten Kuss gespielt wurde oder der Geruch des Meeres, all das bringt dich dazu, etwas Bestimmtes zu fühlen. Auch Werbung nützt Anker gezielt, um bei den potenziellen Käufern Gefühle auszulösen wie Titelmelodien von Filmen und Serien, der Geruch von Lebkuchen, das Bild eines Sandstrandes.

Im Coaching sind Anker besonders gut dafür geeignet, um andere Menschen schnell aus unerwünschten, einengenden Emotionen in ressourcenreiche Zustände zu führen. Das kannst du natürlich ohne das Einverständnis des Klienten tun, besser ist es aber immer, es erst dann einzusetzen, wenn dein Gegenüber versteht, was und warum du es tust.Ein Anker ist das Ergebnis eines Lernprozesses, das Erlernen einer bestimmten Reaktion auf einen gegebenen Stimulus. Der Griff auf eine Herdplatte verursacht Schmerzen, deshalb wird ein Kind, welches die Erfahrung gemacht hat: „Wenn ich auf den Herd greife, tut das weh!", dieses Gefühl mit der Aktion verknüpfen und in Zukunft vermeiden.

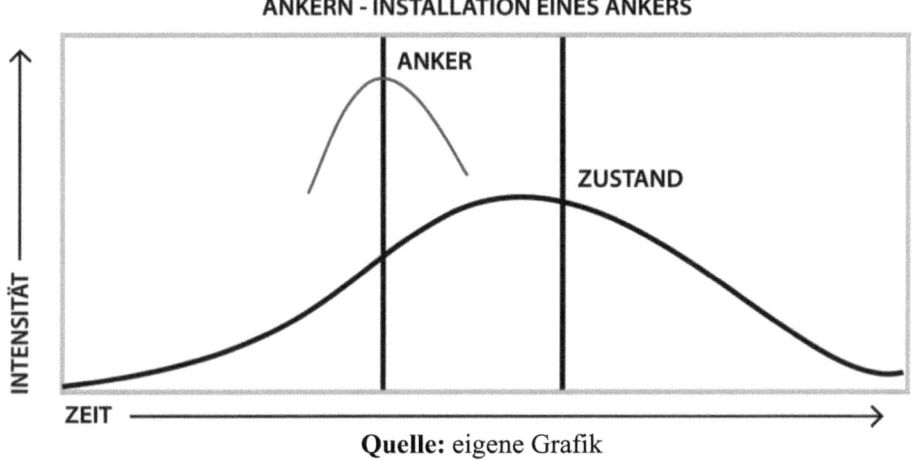

Quelle: eigene Grafik

Als Überleitung im Gespräch nutzt du beispielsweise folgenden Satz:

„Ich weiß, du fühlst dich gerade nicht besonders. Aber gab es vielleicht schon einmal Momente, in denen du dich richtig entspannt gefühlt hast? Stell dir einmal vor, wie das damals war, wie hast du dich gefühlt? Was hast du gesehen?"

Lass dem Klienten immer genügend Zeit, sich in den nächsten Sinneskanal hineinzudenken. Die Geschwindigkeit, die Menschen dafür brauchen, ist immer unterschiedlich, manchmal schneller, manchmal langsamer, das sagt aber nichts über deren Intelligenz oder sonstige Charaktereigenschaften aus. So setzt du dann einen kinästhetischen Anker. Um einen Anker zu setzen, ist es wichtig, Rapport zu deinem Klienten zu haben.

- Macht euch im Vorfeld aus, wo der Anker gesetzt werden soll. Besonders geeignet sind Körperstellen, die im Alltag eher selten berührt werden.
- Hilf deinem Gegenüber, sich an das gute Gefühl, welches du ankern wirst, zu erinnern. Achte auf seine Physiologie, während du ihm ins Gedächtnis rufst, wie er sich in dem Moment gefühlt hat, was er gesehen hat, welche Geräusche um ihn herum waren, was für einen Geruch er in der Nase hatte und welchen Geschmack er auf den Lippen hatte. Wohin hat er geatmet, wo war der Schwerpunkt seines Körpers, was hat er zu sich selbst gesagt? Lass ihm das Gefühl noch eine Spur stärker machen.
- Setze den Anker kurz vor dem Höhepunkt der Erfahrung, indem du an der abgesprochenen Stelle für zwei bis fünf Sekunden sanft Druck mit zwei Fingern ausübst.
- Lass ihn danach kurz an etwas Anderes, möglichst etwas Sachliches denken, um die Emotion kurz zu pausieren (diese Technik nennt sich „separieren").
- Teste nun den Anker, indem du die Stelle noch einmal wie vorher berührst. Das Ergebnis ist jetzt schon sichtbar, der ganze Körper und auch dein Gesichtsausdruck verändern sich wieder genauso wie zuvor – er ruft gerade das Gefühl ab!

Wir wiederholen zum Abschluss noch einmal kurz die vier Grundregeln, um erfolgreich zu ankern:

- Einzigartigkeit des Ankers
- Wiederholbarkeit des Ankers
- Intensität des Zustandes
- Timing des Ankers

3.15 Status

Das aussagekräftigste Kriterium der nonverbalen Kommunikation ist ohne Frage der soziale Status eines Menschen, der sich zumeist auch im körpersprachlichen Status widerspiegelt. Status ist etwas Dynamisches, er verändert sich und gleicht sich im Laufe einer Unterhaltung an. Unsere Kommunikation wird also essenziell von den nonverbalen Signalen bestimmt, die wir zumeist völlig unbewusst senden. Bis jetzt!

Um die Kommunikation wertvoller und gelungener zu gestalten, empfiehlt sich eine Selbstreflexion, am besten kombiniert mit professionellem Feedback durch einen ausgebildeten Trainer oder Coach.

Die Außenwirkung von Status

Hochstatus	Tiefstatus
Kompetent	Sympathisch
Selbstbewusst	Zurückhaltend
Arrogant	Unsicher
Führungsperson	Untergebener
Entscheidungsfreudig	Zögerlich
Kühl	Emotional
Reserviert	Offen
Selbstbestimmt	Fremdbestimmt
Unabhängig	Anhänglich
Entspannt	Unruhig
Körperspannung	Schlaff
Viel Raum einnehmend	Wenig Raum
Langsames Sprechen	Schnelles Sprechen
Pointierte Gestik	Wild gestikulierend
Tiefe Stimme	Hohe Stimme
Auf beiden Beinen stehend	Gewicht verlagernd
Aufrechte Haltung	Gebückte Haltung
Direkter Blickkontakt	Wandernder Blick
Neutrale Mimik	Emotionale Mimik
Entspannter Sprechrhythmus	Angestrengter Sprechrhythmus
Laute Stimme	Leise Stimme

Hast du dich in einer der beiden „Rollen" wiedererkannt? Natürlich sind dies die zwei Extreme, doch die meisten Menschen tendieren in ihrem gesamten Leben – nicht getrennt zwischen beruflich und privat – zu einer Seite. Doch flexibel im Status zu sein kann sehr positive Auswirkungen haben: Je nach Situation und Gesprächspartner ist es unterschiedlich, welche Statussignale wirkungsvoller und damit zielführender für die Kommunikation sind. Du erreichst andere nämlich immer dann am besten, wenn du in „der Sprache des anderen" sprichst. Und die Körpersprache, allem voran der Status, gehören hier definitiv dazu. Dieses Thema ist insbesondere beim Rapport von Bedeutung, den du im nächsten Kapitel kennenlernst. Einen wichtigen Auftrag in einer traditionsreichen Bank wird der Auftragnehmer eher dann bekommen, wenn er sich den Hochstatussignalen der Manager anschließt. Ist der Manager jedoch ausnahmsweise im Tiefstatus, dann sollte auf gleicher Ebene kommuniziert und mindestens auf dieselbe Statushöhe gegangen werden. Dieses Konzept wird dir später unter dem Begriff *spiegeln* detailliert begegnen. Um im Senden der Statussignale flexibel zu werden, empfiehlt sich die praktische Anwendung mit anschließendem Feedback von anderen und bestenfalls mit Videoaufzeichnung.

Zudem zeigen sich in ähnlichen Situationen oftmals gleiche Verhaltensweisen, die wir im allgemeinen Sprachjargon als „Ticks" bezeichnen würden. Wenn du deinen Blick schulst und auch im Detail genauer hinsiehst, werden dir jedoch auch seltener wiederholte Verhaltensweisen auffallen. Dies könnte der Griff zum rechten Ohr sein, wann immer es um für den Gesprächspartner „unangenehme" Themen geht. - Ein de facto sehr auffälliges Verhalten, das viele auch aus dem Pokern kennen und das folglich auch hier als „tell", also verräterische Geste, bezeichnet wird. Um herauszufinden, ob es sich wirklich um solch eine Geste handelt, die immer inhaltsbezogen ist, sprichst du dasselbe Thema, bei dem diese Bewegung auffällt, mehrmals in unterschiedlichen Situationen, Kontexten, zu verschiedenen Tageszeiten usw. an.

Hoch- (rechts) und Tiefstatus (links) im Geschäftsleben[8]

Erst durch mehrmalige Wiederholung kannst du dir sicher sein, dass es sich um ein kultiviertes Verhalten handelt und kannst dann auch, wenn es in anderen Situationen auftritt, auf eine verbundene Emotion schließen.

Als Beispiel nehmen wir die Situation mit einer Arbeitskollegin: Nahezu immer, wenn du das persönliche Thema rund um Familie streifst und dann, wenn auch nur in einem Nebensatz, auf ihre Mutter zu sprechen kommst, zupft deine Kollegin sich die Bluse oder das Hemd mit der rechten Hand über dem Bauch zurecht. Später erfährst du, dass die Mutter wohl sehr dominant war und sich die Kollegin von ihr stets übermäßig kontrolliert gefühlt hat. In einer gemeinsamen Sitzung mit dem Chef stellst du dasselbe Verhalten fest, sobald er ein Projekt deiner Kollegin anspricht. Die Wahrscheinlichkeit ist in diesem Fall höher, dass

---

8 Quelle: Ahlfeld, B. Körpersprache und NLP, 2010, Wien: ZHI Consulting.

hier mehr Druck auf die Kollegin ausgeübt wird, als bei anderen Projekten.

Solche Zusatzinformationen mögen auf den ersten Blick wenig interessant wirken und dies ist häufig auch der Grund, weshalb sie von vielen Menschen schlichtweg ignoriert werden. Ergänzen sich jedoch viele dieser kleinen „Mosaikteilchen" zu einem großen Ganzen, ergeben sich gänzlich neue Einblicke in die Verhaltensweisen und damit auch Glaubenssysteme deiner Mitmenschen. Schlussendlich sind es genau jene Detailinformationen, die eine geschulte Wahrnehmung von einer eingeschränkten unterscheiden. Und umso mehr Informationen du besitzt, desto qualitativ hochwertigere Entscheidungen kannst du treffen. Spinnen wir das Szenario von weiter oben fort und du arbeitest zwei Monate später mit deiner Kollegin gemeinsam an einem Projekt. Du kommst auf einen speziellen inhaltlichen Teilbereich der Arbeit zu sprechen und die Kollegin wiederholt dabei das dir bereits bekannte Verhalten. Nun kannst du diesen Umstand ganz unverfänglich ansprechen oder du umschiffst das Thema und übernimmst hierfür etwa die Alleinverantwortung. Die Kollegin wird es dir danken! Was dir das bringt, außer dass du stillschweigend und wohl auch unbemerkt höflich warst? Manche Menschen, die geübt in der Beeinflussung von anderen sind, nutzen ihre Fähigkeiten natürlich zum eigenen Vorteil. Eine Möglichkeit wäre, die Kollegin explizit zu bitten, diesen Teilbereich des Projekts zu übernehmen, gerade, *weil* es ihr schwerfällt. Womöglich wird sie dies nicht sofort zugeben und nach Ausflüchten suchen. Je mehr Ausreden kommen, umso offensichtlicher wird, dass sie diesen Projektbereich nicht leiten will. Nun kannst du auf dem hier bereits vorhandenen Leidensdruck aufbauen und ein Angebot vorschlagen: *„Ok, ich kann es zwar nicht genau nachvollziehen, wieso, aber ich merke, dass dir das Thema unangenehm ist. Ich selbst möchte diesen Teilbereich eigentlich auch nicht leiten, vielleicht aus denselben Gründen wie du. Aber ich bin bereit es zu tun, wenn du mir dafür bei den folgenden Tätigkeiten hilfst: ..."*

Du baust mit dieser Methode nicht nur Vertrauen auf, weil du mit der Aussage „aus denselben Gründen wie du" emotionale Nähe herstellst, sondern basierend auf dem Gesetz der Reziprozität „eine Hand wäscht die andere" wird deine Kollegin mit höherer Wahrscheinlichkeit bereit sein, dir zu helfen, nachdem auch du ihr geholfen hast. Da du ihr jedoch eine Tätigkeit abnimmst, die für sie mit deutlich negativen Emotionen gekoppelt ist und dementsprechend schwer wiegt, wird sie aus ihrer Sicht betrachtet, unverhältnismäßig viel tun, um eine Gegenleistung zu erbringen. Unterm Strich ist der Austausch emotional fair. Doch mit diesem Wissen kannst du gezielt mit ebensolchen Methoden vorgehen, um einen maximalen Output bei minimalem Input zu erreichen. Ebenso kannst du nun genauer beobachten, wie andere Menschen auf dich zugehen, um eben jene Themen bei dir ausfindig zu machen.

3.16 Rapport

Um bei anderen Menschen erfolgreich zu ankern, oder eine andere Technik gemeinsam zu nutzen, bedarf es zuerst des Rapports. Dieser wird oft auch als Sympathie zwischen zwei Personen interpretiert. Rapport zeigt sich einerseits in einer gesteigerten Häufigkeit an Berührungen und nonverbalen Zuwendungen, auch nur bei Freunden oder guten Kollegen. Das können etwa Umarmungen statt Handschlägen, ein High-Five statt einem Daumen-Hoch oder ein Tätscheln auf den Rücken statt einem mitleidigen Blick sein. Ebenso spielt Rapport eine wichtige Rolle und dient als Erkennungsmerkmal. Ähnliche Körperhaltung, Mimik, Gestik und oftmals sogar ähnliche Wortwahl bei bestimmten, wichtigen Themen, deuten darauf hin.

Es ist ganz natürlich, dass Freunde dieselbe Sprache sprechen und ähnliche Worte benutzen, denn sie „verstehen sich". Auch das Spiegeln der Körpersprache läuft automatisch ab. Sie sitzen einander in ähnlichen Positionen gegenüber oder gehen im Gleichschritt. Um eine besonders gute Basis zum Gesprächspartner nun gezielt aufzubauen, empfiehlt sich eine Technik des NLP. Sie entstand aus der Beobachtung heraus, dass

Menschen, die sich sehr gut verstehen, auch eine nonverbale Bindung aufbauen, die eine „Gleichheit" nach außen kommuniziert. Dies wird als Rapport bezeichnet und ist daran erkennbar, dass sich die Körpersprache der beiden Gesprächspartner aneinander angleicht. Das ist auch als nonverbales Spiegeln (Englisch: „pacing", „to pace") bekannt.

Übung: Stell oder setz dich mit deinem Übungspartner voreinander hin und sucht vorab zwei Themen. Eines, bei dem ihr absolut einer Meinung seid, und eines, bei dem ihr völlig gegensätzlicher Meinung seid. Geh nun gemäß der Reihenfolge 1 bis 4 unten in der Grafik die Themen durch, jeweils mit gleicher und ungleicher Körperhaltung.

Meinung

	gleich	ungleich
Körper gleich	4	2
Körper ungleich	3	1

Quelle: eigene Grafik

Was hast du bemerkt, was hat sich verändert?

Wahrscheinlich war es schwieriger, bei unterschiedlicher Körperhaltung einer Meinung zu sein und einfacher dem anderen bei gleicher Körperhaltung zuzustimmen. Achte in Zukunft darauf, absichtlich, aber nicht zu offensichtlich gewisse Gesten und die Sitzhaltung deines

Gesprächspartners nachzuahmen, zu spiegeln. Dies kann auch zeitversetzt erfolgen und muss nicht exakt gleich aussehen. Beispielsweise ändert dein Gesprächspartner seine Körperhaltung, indem er die Arme vor der Brust verschränkt und sich zurücklehnt. Du veränderst daraufhin ebenfalls, aber zeitlich zehn Sekunden versetzt, deine Körperhaltung und schlägst ein Bein über das andere, während du dich zurücklehnst. Unter Rapport[viii] versteht man also eine gemeinsame Basis des Vertrauens und der Sympathie. Diese entsteht besonders schnell, wenn zwei Menschen aufeinandertreffen, die eine ähnliche Art zu kommunizieren haben. Dadurch ergibt sich, je nach Gesprächsrichtung eine klare Hierarchie, mit der auch beide zufrieden sind. Natürlich können beide gleichberechtigt sein, meist übernimmt jedoch der die Führung, der den höheren Status hat. Rapport erkennt man daran, dass eine Gleichheit der Körperhaltung und im Verhalten besteht. Paare oder Freunde gehen beispielsweise im Gleichschritt und wenn der eine zum Glas greift, trinkt der andere auch einen Schluck, obwohl er gar keinen Durst hat. Je besser sich zwei Menschen verstehen, desto ähnlicher wird auch ihre Körpersprache. Entweder passt sich einer, meistens jener mit dem Tiefstatus an sein Gegenüber, jenem mit dem Hochstatus an und lässt sich führen oder beide nähern sich gegenseitig an. Der Prozess dieser Angleichung wird als spiegeln oder „pacing" und „leading" bezeichnet.

3.17 Pacing und Leading

Im Englischen bedeutet „to pace" im gleichen Schritt gehen. Rapport entspringt dem NLP und beschreibt Pacing als Prozess des sich Angleichens, des Spiegelns von Kommunikationspartnern. Eine Person A, die eine Person B spiegelt, gibt B in ihrem Verhalten jenes Verhalten zurück, das A an B vorher hat beobachten können. Spiegeln beinhaltet verbale und nonverbale Aspekte mit dem Zweck, Rapport herzustellen. Wenn wir Menschen in den Bereichen Beratung und Vertrieb oder Führung dabei beobachten, wie sie Kontakt mit ihrem Kunden herstellen, so ist oft zu sehen, dass die ganze Konzentration, eine Gemeinsamkeit zu finden, sich allein auf den inhaltlichen Anteil der Kommunikation beschränkt. Somit verschwenden sie einen Großteil ihrer Möglichkeiten. Wenn in Meetings ein Gefühl der Uneinigkeit oder Unstimmigkeit aufkommt und man merkt, dass es brodelt, versuchen Moderatoren oder Führungskräfte sehr oft, über den Inhalt ein gemeinsames Commitment zu erreichen. Sie versuchen auf einen gemeinsamen Nenner zu kommen. Viele von uns haben schon solche mühevollen, sehr zeitaufwändigen Versuche erlebt. Um solche Fettnäpfchen zu vermeiden, können wir die nonverbale Ebene nutzen, um zunächst über Pacing einen angenehmen Kontakt herzustellen. Indem wir unser Gegenüber spiegeln also pacen, stellen wir mit ihm Rapport her. Beobachte in nächster Zeit einmal andere Leute und dich selbst bei der Kontaktaufnahme mit anderen Menschen. Du wirst schnell erkennen, dass die Leute umso mehr Gemeinsamkeiten zeigen, je mehr sie sich verstehen. Mit Pacen ist übrigens kein affektiertes Nachäffen gemeint, sondern ein empathisches Einlassen auf den anderen. Diese Technik beschreibt das Basiswerkzeug für alle Menschen, die im Zusammenspiel mit anderen arbeiten. Es ist der feine Unterschied, der einen Unterschied macht. Egal, ob für Verkäufer, Manager, Berater, Erzieher oder alle anderen die kommunizieren und wie wir wissen, kommunizieren wir alle, die auf ihre Kommunikationsfähigkeit angewiesen sind, ist das Pacing eine große Hilfe. Jeder, der Interesse daran hat, mit jemand anderem schnell einen guten Kontakt herzustellen und ganz besonders der Hypnotiseur, sollte das Pacing beherrschen.

Wenn guter Rapport besteht, kann durch Leading der Gesprächspartner langsam in einen anderen Zustand geführt werden. Der stärkere Kommunikator, meist jener im höheren Status, gibt die Richtung vor. Der Begriff des Leadings stammt aus dem angloamerikanischen Sprachraum und bedeutet in positiver Form führen (to lead). Der Prozess des Leadings ist relativ einfach. Wenn wir wahrnehmen können, dass Rapport vorhanden ist, beginnen wir erste kleine Veränderungen in unserem Ausdrucksverhalten (Physiologie, Sprache,...) herbeizuführen und überprüfen am Verhalten unseres Gesprächspartners, ob er diese

Veränderungen mitmacht. Beim Schritt vom Pacing zum Leading ist der sanfte Übergang von entscheidender Bedeutung. Massive Wechsel bewirken in der Regel einen Rapportverlust. Da Menschen den guten Kontakt mit anderen sympathischen Personen instinktiv halten wollen, werden sie die Schritte des Leaders mitgehen. So kann der Beeinflusser oder bspw. die Führungskraft durch geschicktes Leading einen nervösen Mitarbeiter in neutrale Stimmung versetzen, um den Gesprächsprozess erfolgreicher zu gestalten. Selbstverständlich sind für jeden Verkäufer oder jede Führungskraft Pacing und Leading absolute kommunikative Basiswerkzeuge.

3.18 Augenzugangshinweise

Die Augen sind der Spiegel, das Tor zur Seele, so sagt schon ein altes Sprichwort. Tatsächlich sind sie noch viel mehr als das. Kein anderer Muskel im menschlichen Körper wird so oft benutzt wie unsere Augenmuskulatur. Die Augen beherbergen auch die einzigen Muskeln im Körper, welche sich nicht gänzlich über Dauer bewusst kontrollieren lassen. Das ist einer der Gründe, wieso viele Pokerspieler eine Sonnenbrille tragen. Sie verstecken das Einzige, was sie verraten könnte.

Über unsere Augenmuskulatur, die direkt mit dem präfrontalen Cortex verbunden ist, rufen wir Erinnerungen und Informationen ab und stellen uns Zukünftiges vor. Dies ist die einzige Gehirnregion des Neocortex, die direkt mit dem Hypothalamus, der zuständig für die Hormonausschüttung, vernetzt ist. Der präfrontale Cortex ist daher in einer herausragenden Position, um Informationen aus allen sensorischen und motorischen Modalitäten zu synthetisieren. Die Augen lassen uns somit Bilder, Töne, Gefühle und Gedanken abrufen und bewegen sich je nach Gedankengang in eine andere Blickrichtung. Das kennen wir aus der REM-Phase (Rapid Eye Movement) im entspannten Schlafzustand, wenn sich die Augen unter dem Lid sehr schnell hin und her bewegen. Früher dachten wir, der Mensch würde den Bildern im Traum „hinterher sehen". Heute ist es klar, dass dadurch Informationen abgerufen werden.

Ebenfalls tritt diese Augenbewegung auf, wenn Menschen tagträumen. Das erklärt auch, dass blinde Menschen, die nie in ihrem Leben Augenlicht hatten, dennoch während des Denkprozesses ständig ihre Augen bewegen, oftmals stärker als Sehende, da sie nie lernen mussten, ihre Augen zu kontrollieren. Diese Augenbewegungen sind in der Literatur als „lateral eye movements" bekannt. Im NLP werden sie als Zugangshinweise der Augen bezeichnet. Es gibt eine angeborene neurologische Verbindung zwischen Augenbewegungen und den Repräsentationssystemen, denn dieselben Muster treten weltweit auf.

Was wird nun genau durch unsere Augenbewegungen abgerufen? Wir unterscheiden hier vorerst grob anhand der Blickrichtung nach oben und nach unten. Wandern die Augen nach oben, visualisiert dein Gegenüber gerade, also ruft ein Bild im Kopf ab. Gehen die Augen nach unten, wird entweder „in sich hineingefühlt" oder ein innerer Dialog geführt, zum Beispiel wenn wir mit unserer inneren Stimme abklären, ob uns ein bestimmtes Angebot gefällt. Wichtig zu beachten ist hierbei, dass die Augen sich während des Denkprozesses bewegen und nicht während der verbalen Antwort auf eine Frage – die Information muss natürlich abgerufen werden, *bevor* geantwortet wird. Bleiben die Augen in einer mittigen Position, werden oft auditive Kanäle abgerufen, also ein Geräusch oder Töne. Der Rahmen, in dem diese Blickrichtungen stattfinden, kann je nach Mensch unterschiedlich gelagert sein.

Manch einer wird sehr oft über seinem Kopf Bilder abrufen, und wenn in sich hineingefühlt wird, verbleibt der Blick eher mittig. Bei manchen ist der Rahmen eher nach schräg links unten versetzt. Kommunikation ist immer dynamisch und ebenso sind es die Modelle des NLP. Grob zusammengefasst lässt sich jedoch sagen, dass für den Großteil der Menschen der hier vorgestellte Rahmen zutrifft. Die nächste wichtige Unterscheidung findet in der Hemisphäre statt, ob der Blick nach links oder rechts wandert.

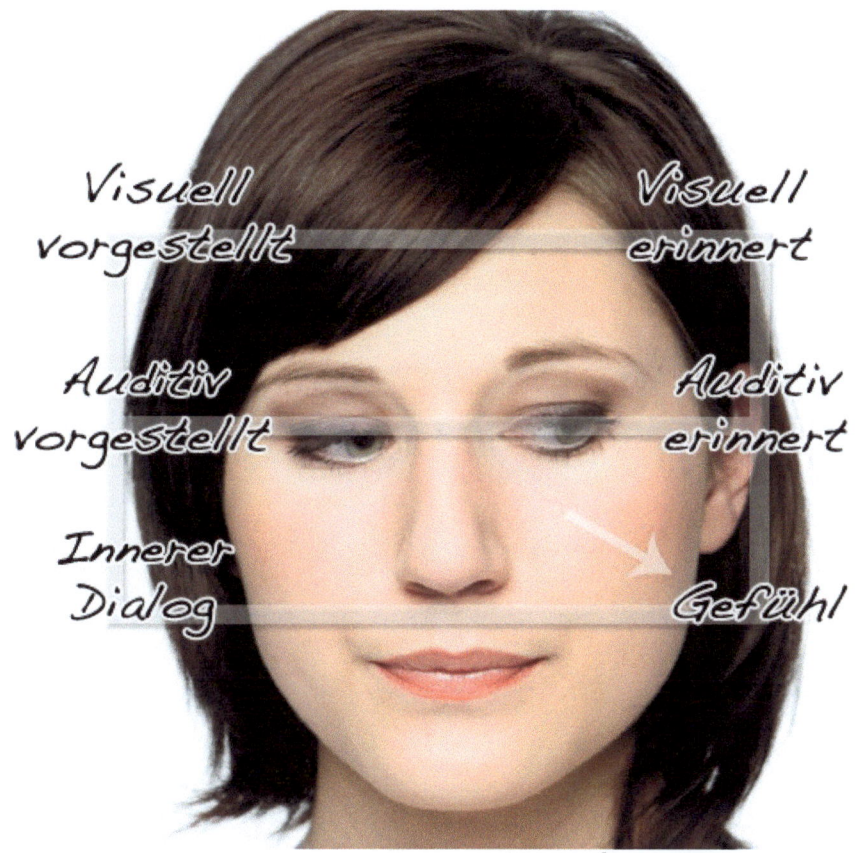

Augenzugangshinweise[9]

Wenn du dein Gegenüber vor dir hast, ist von dir aus gesehen rechts die Erinnerung deines Gesprächspartners und links die Vorstellung. Um Gewissheit darüber zu erlangen, ob und welches Modell dieser als Augenzugangshinweise bekannten Blickrichtungen bei deinem Gegenüber zutrifft, solltest du zu Beginn des Gespräches für dich selbst bewusst Kontrollfragen einbauen. Beachte dabei, dass bei Linkshändern die Blickrichtung oft spiegelverkehrt ist, eben aufgrund der weiter oben angesprochenen überkreuzten Gehirnhemisphären. Dieses Modell mag

---

9 Quelle: eigene Grafik

komplex klingen, einmal in der Praxis erfolgreich erlernt und angewandt, unterstützt es jedoch bei der Validation der Aussagen des Gesprächspartners und kann die Gesprächsführung erleichtern. Einige Kontrollfragen sind hier beispielsweise aufgeführt und die erwarteten Blickrichtungen treffen bei den meisten Rechtshändern zu.

> *„Erinnern Sie sich an das erste Foto, das Sie von sich gesehen haben?"*
> *(Oben rechts)*
> *„Erinnern Sie sich an das erste Lied, das Sie gehört haben?"*
> *(Mitte rechts)*
> *„Wie fühlt sich das Material Ihres Sofas an?"*
> *(Unten rechts)*
> *„Wie sprechen Sie zu sich selbst, wenn Sie sich unwohl fühlen?"*
> *(Unten links)*
> *„Stellen Sie sich vor, wie es klingen würde, einen neuen Ton zu summen."*
> *(Mitte links)*
> *„Stellen Sie sich vor, wie Sie vor Ihrem bisher größten Publikum sprechen!"*
> *(Oben links)*

3.19 Elizitieren von Reaktionen

Unter Elizitieren versteht man das gezielte Provozieren, Beobachten und Registrieren externer Hinweise auf interne Zustände[ix]. Diese internen Zustände können gezielt beeinflusst und sinnvoll genutzt werden. So können aufgrund äußerer Beobachtungen Rückschlüsse auf die innere Erlebniswelt des Gegenübers getroffen und genutzt werden. Sie sind damit nicht nur Grundlage für Rapport und die Technik des Pacings und Leadings, sondern auch für die psychologische Analyse. Zudem können durch das Elizitieren von Reaktionen gezielt frühere Zustände abgerufen und verstärkt oder abgeschwächt werden. Bitte dein Gegenüber einfach sich eine Situation in Erinnerung zu rufen, in der er eine gewünschte Ressource schon einmal zur Verfügung hatte. Über die transderivationale

Suche kann diese Erfahrung nun nicht nur bewusst abgerufen werden, sondern zeigt sich auch in der entsprechend angepassten Physiologie. Dies ist insbesondere auch bei der Deutung von Körpersprache und Mikro-Mimik zu beachten. Handelt es sich um eine gewünschte Ressource, kann diese auch geankert werden, um später schneller zugänglich zu sein.

3.20 Kalibrieren

Die Kalibrierung ist die Feineinstellung, mit der du dich auf dein Gegenüber abstimmst. Sich auf jemanden zu kalibrieren, bedeutet nichts anderes, als sich auf sein Gegenüber und die neue Situation einzustellen wie in der Art des anderen zu sprechen, zu denken, also all die nonverbalen und verbalen Signale, die er aussendet, zu erkennen und dadurch die Möglichkeit zu haben, diese zu spiegeln. Dazu gehört auch der Rapport, die Sympathie, die zwischen zwei Personen besteht. Ebenso eine ähnliche Körperhaltung, Mimik, Gestik, das Sprechen derselben Körpersprache. Stell dich auf nonverbale und verbale Signale ein, die dein Gesprächspartner dir sendet. Die Kalibrierung erlaubt es, sich in den anderen einzufühlen, zu spüren, was er wahrnimmt und wie er zum Beispiel das Zusammensein empfindet. Du musst dich auf jeden Menschen in jeder neuen Situation neu einstellen. Das heißt, Kalibrierung begleitet dich durch dein ganzes Leben. Sie hilft, deine Umwelt besser zu verstehen und gezielter zu erreichen. Auch auf verbaler Ebene kannst du dich kalibrieren, etwa durch das Einbauen von öfter vorkommenden Reizworten, dem Sprachmuster, Anker, präferierte Sinneskanäle des VAKOG oder typische Meta-Modell Verletzungen deines Gegenübers. Öffne deine Wahrnehmung durch gezielte Übungen, um noch mehr Informationen zu sammeln, die du bisher einfach nicht erkannt hast, die jedoch von Anfang an vorhanden waren! Du wirst verblüfft sein, wie durch gezielte Kalibrierung völlig neue Wege der Kommunikation und Empathie entstehen.

3.21 Wohlgeformte Ziele

Ziele wollen wohlgeformt formuliert werden! Der trivial anmutende Satz „Nur wer sein Ziel kennt kann es erreichen", ist keineswegs selbstverständlich. Die meisten Menschen stecken sich ihre Ziele nicht bewusst. Sie haben meistens nur gute Vorsätze oder Wünsche, die aber in einer Art und Weise formuliert sind, die eine Erreichung schwer oder unmöglich machen. *„Ich möchte nicht mehr rauchen"* ist ein beliebter Vorsatz, der jedoch von dem größten Teil der Raucher sehr schnell wieder aufgegeben wird. Oft wünschen wir uns nur etwas, sind aber nicht bereit, dafür auch etwas zu leisten. *„Bekommst du nicht das, was du willst, tu etwas anderes, bis du bekommst, was du willst!"* Du wirst dein Ziel, beispielsweise die Steigerung deines persönlichen Charismas durch Erlernen neuer Kommunikationsmethoden innerhalb der nächsten drei Monate erfolgreich erreichen. Gemäß dem Modell des NLP fragen wir uns zu Beginn einer Veränderung, wo wir aktuell stehen und was wir verändern wollen. Wir vergleichen das Soll mit dem Ist. Das Motto lautet hierbei: Tu das, was funktioniert. *„Denn wenn du immer nur das tust, was du bisher getan hast, wirst du auch nur das bekommen, was du bisher bekommen hast."*

Möchte man ein Ziel wirklich erreichen, so ist es erstens wichtig, überhaupt eines zu haben und zweitens, dass es gehirngerecht formuliert ist. Wohlgeformte Ziele werden sehr viel wahrscheinlicher erreicht! Für eine gehirngerechte Formulierung kennen wir im NLP eine ganze Reihe von Kriterien, die sogenannten Wohlgeformtheits-Kriterien:

1. Positiv formuliert
2. Keine Vergleiche
3. Konkretion, Präzision, Timing und Kontext
4. Realistisch
5. Einfach und überschaubar

6. Kurze Feedbackschleifen, messbar
7. Selbst kontrollierbar und initiierbar
8. Sinnesspezifisch repräsentiert
9. Konsequenzen beachten (Öko-Check)

Die Verbindlichkeit wird vor allem dadurch gesteigert, dass wir diese Ziele auch schriftlich festhalten. Zudem kann der Zielzustand im Vergleich mit dem heutigen Status quo abgerufen und geankert werden. So dient er als Motivation und Antrieb für die Zielerreichung. Im Abgleich (aus Sicht des künftig erreichten Zieles mittels einem Future Pace) mit dem heutigen Status quo lassen sich aber auch neue, positive Ressourcen und Zielstrategien elizitieren und nutzbar machen.

3.22 Lern- und Merktechniken

Lernen, dieser Begriff wird wahrhaftig nicht von jedem Menschen mit positiven Gedanken und Erinnerungen verbunden. Fragt man Studenten und Schüler, so könnte man fast glauben gute Ergebnisse in Prüfungen sind reine Utopie und Wunschdenken. Viele Menschen denken dabei an Prüfungen, Stress, Angst und Druck. Vielleicht hast du aber jetzt Lust, deine persönliche Einstellung zum Lernen zu verändern und einmal ganz anders an die Sache heranzugehen. Wissenschaftliche Erkenntnisse haben ergeben, dass beim Lernen die linke Seite des Gehirns auf andere Art und Weise lernt, als die rechte Seite. Während bei der Wahrnehmung von Sprache, Begriffen und konkreten Fakten vorwiegend die linke Gehirnhälfte arbeitet, konzentriert sich unsere rechte Gehirnhälfte auf Metaphern, Bilder und Beispiele und wird auch nur bei deren Verwendung aktiv. Optimal ist es, wenn wir beide Seiten zu gleichen Teilen ausnutzen. Konkret können wir das mit Mindmaps, fantasievollen Lerngeschichten oder Eselsbrücken und Metaphern umsetzen. Für den Einstieg eignet sich besonders die assoziative Lerngeschichte als eine anerkannte Methode, welche jeden zu merkenden Begriff in eine

Geschichte involviert, anhand deren Verlauf man sich später an jeden einzelnen Bestandteil des zu lernenden Stoffes erinnern kann. Je mehr Emotion, Fantasie und Sinneswahrnehmung in diese Geschichte einfließen und je merkwürdiger der Handlungsverlauf ist, desto besser für den Lerneffekt.

Mnemotechniken bedienen sich häufig NLP-Methoden, indem sie Traumreisen in leichter Trance für Visualisierungen mittels VAKOG und Submodaliäten nutzen. Dabei werden etwa durch immer gleiche Abfolgen, etwa die 10 Zehen und 10 Finger für 20 "Speicherplätze" vorgestellt und mit neuen Lerninhalten verbunden, die in einer gewissen Reihenfolge gemerkt werden sollen. Oder man stellt sich den Weg durch die eigene Wohnung vor bei dem man an die immer gleichen Plätze oder Objekte erinnert wird. Diese immer gleichen und leicht abrufbaren Punkte werden dann mit neuen Informationen verknüpft. Drei weitere Kriterien machen das Erinnern von Informationen besonders einfach, weshalb vor allem komplexe Details durch fantasievolle Visualisierungen ergänz werden sollten, die sich durch eine oder mehrere dieser Ergänzungen auszeichnen:

- Gewalt
- Sexualität
- Appetitliches Essen

KAPITEL 4: GRUNDLAGEN DER HYPNOSE

Der Begriff Hypnose ist durch viele Mythen geprägt, teilweise durch die Überlieferung in TV und Film, aber auch durch den zauberhaften Umgang bei öffentlichen Aufführungen von sogenannten Show-Hypnotiseuren. Aktuell ist noch nicht vollends geklärt, welche exakten Bereiche unseres Gehirns in einem Trance-Zustand aktiviert werden. Hierzu wird nach wie vor intensiv geforscht. Ein Grund für dieses hohe Interesse der modernen Medizin an Hypnose ist der Fakt, dass sie funktioniert. Noch einmal möchte ich darauf hinweisen, dass es besonders sinnvoll ist, Hypnose in einer praktischen Ausbildung kennenzulernen, um tatsächlich begreifen zu können, worum es geht. Dennoch soll hier eine Annäherung in theoretischer Form geboten werden.

Hypnose ist ein veränderter Bewusstseinszustand, in dem die Wahrnehmung eingeschränkt ist und sich komplett nach innen dreht, auf die eigenen Gedanken und Gefühle hin. Hypnose ist *nicht* Schlaf, sie ist *keine* Ohnmacht und man ist *nicht* willenlos. Der Wille wird vielmehr auf einen Punkt fokussiert, beispielsweise einen Gedanken, Glaubenssatz oder eine schöne Vorstellung, bis der bewusste Verstand beiseite steht. Das macht es möglich, in diesem Zustand tiefer Entspannung besonders intensiv mit dem Unterbewusstsein in Kontakt zu treten, so wie wir es beispielsweise beim Träumen in der REM-Phase tun. Der Unterschied ist jedoch, dass wir hier mit einem Fünkchen Bewusstsein beobachten und auf Wunsch mit unserer innersten Stimme direkt interagieren können. Da in diesem Zustand unser Unterbewusstsein Wünsche in Form von Suggestionen besonders klar aufnimmt, ist die Wahrscheinlichkeit höher, dass diese umgesetzt und in unsere künftigen Verhaltensmuster integriert werden, als wenn diese Wünsche im normalen Wachzustand geäußert werden.

Deshalb kommen viele Menschen, die sich zum ersten Mal hypnotisieren lassen, oftmals mit einer übermäßig hohen Erwartungshaltung zum Hypnotiseur oder Coach und glauben, einen „übernatürlichen" oder „magischen" Zustand, fernab alles bisher Bekannten, erleben zu können. Dies ist nur teilweise richtig, denn auch wenn der Zustand doch etwas Magisches hat, so ist er uns allen wohlbekannt. Erinnere dich zurück, als du das letzte Mal vor dem Fernseher gesessen hast und dein Partner oder deine Partnerin dich tatsächlich anschreien musste, damit du überhaupt wahrnehmen konntest, dass er oder sie etwas von dir möchte. Oder der Moment, als du spätabends auf der Autobahn nach Hause gefahren bist. Es war dunkel und vielleicht regnete es, die Scheibenwischer klappten monoton vor und zurück, und in deine Gedanken vertieft, schreckst du plötzlich auf und fragst dich: „Wie bin ich eigentlich nach Hause gekommen, ich bin doch gerade erst losgefahren?"

Dieser Zustand, in dem wir uns tagsüber sehr oft befinden, ist auch als Tagträumerei bekannt, tritt aber ebenso auf, wenn wir in einen leichten Schlaf fallen, langsam aus tiefem Schlaf aufwachen oder unsere Aufmerksamkeit auf irgendetwas fokussieren. Im Fachjargon bezeichnen wir dies als den sogenannten Alpha-Zustand oder das Alpha-Bewusstsein. Wir unterteilen unsere Bewusstseinszustände in vier Kategorien. Normales Wachbewusstsein ist „Beta", leicht modifiziertes Bewusstsein „Alpha", tiefer Schlaf „Theta" und komatöse Zustände sind „Delta". Diese Niveaus werden in Gehirnwellen-Raten gemessen (Anzahl der Zyklen pro Sekunde). Der Beta-Zustand befindet sich zwischen 15 bis 30 Zyklen pro Sekunde, Alpha zwischen 8 bis 14 Zyklen pro Sekunde, Theta zwischen 4 bis 8 Zyklen pro Sekunde und Delta unterhalb von 4^x.

Der Alpha-Zustand ist das für Hypnose typische Gehirnwellenmuster, das im Fachjargon trotz vieler unterschiedlicher Definitionen unter dem Begriff „Zustand erhöhter Suggestibilität" subsumierbar ist. Um einen kleinen Vergleich zwischen Alpha- und Beta-Zustand zu bieten, soll diese Gegenüberstellung dienen, die mehr anschaulichen als wissenschaftlichen Charakter hat[xi]:

Wachbewusstsein	Hypnose (Trance)
Beta-Zustand	Alpha-Zustand
Logisches Denken	Intuition und assoziatives Denken
5-9 Informationen auf einmal	Unbegrenzte Informationsaufnahme
Begrenzte Aufmerksamkeit	Unbegrenzte Aufmerksamkeit
Rationales Denken	Gefühle, Wahrnehmung
Wachzustand	Träumen, Schlafen, Fantasie
Gewählte Handlungen	Automatische Handlungen
Gewählte Bewegungen	Unfreiwillige Bewegungen
Linear	Systemisch, komplex
Akademisches Wissen	Gelernte Erfahrungen
Verbal	Nonverbal
Sequentielle Gedanken / Handlungen	Parallele Gedanken / Handlungen
Bewusstsein des Hier und Jetzt	Speicher aller Erinnerungen
Versucht Probleme zu verstehen	Kennt die Lösung
Ziele setzen	Ziele erreichen

Im Alpha-Zustand ist es uns möglich, eine gut aufgebaute Suggestion direkt umzusetzen, sei dies nun gewollt oder ungewollt. Die Umsetzungswahrscheinlichkeit hängt mit der Quelle der Suggestion zusammen. Je bekannter sie uns ist, beziehungsweise je mehr wir der Quelle vertrauen, desto wirkungsvoller wird sie umgesetzt werden. Diese Suggestion wird durch das Unbewusste verarbeitet und im Unterbewusstsein gespeichert. Es ist ebenso möglich, dass sich durch diese Befehle an das Unbewusstsein unsere Glaubenssätze und Wahrnehmungsfilter verändern. Ob die Suggestion positiv oder negativ ist, spielt hier nur eine untergeordnete Rolle, dennoch wird sie für beide Zwecke eingesetzt. Ein Hypnotherapeut nutzt beispielsweise positive und für das Selbstbefinden fördernde Suggestionen, wohingegen ein in hypnotischem Verkauf geschulter Vertriebsmitarbeiter selbstdienliche Suggestionen setzen wird[xii]. Die Macht der Suggestion wird in unserem Alltag ständig von Massenmedien und Marketing genützt, um uns alles zu verkaufen; das Spektrum reicht von Krankheit bis hin zu Religion.

4.1 Geschichte der Hypnose

In dieser kurzen Geschichte der Hypnose-Zusammenfassung möchte ich dir eine Antwort auf die Frage – Wer hat Hypnose erfunden – geben. Hypnotische Verfahren zählen zu den ältesten Heilmethoden der Menschheit und wurden bereits im alten Ägypten, bei den keltischen Druiden, im Schamanentum, bei anderen kleineren Kulturen und primitiven Völkern zur Heilung angewandt. In der Neuzeit hat die Hypnose von Amerika aus den europäischen Raum erobert und wurde anfangs in seiner Wirkung unterschätzt, obwohl die Hypnose gerade im europäischen Raum auf eine lange Tradition als psychotherapeutisches oder medizinisches Heilverfahren zurückblicken kann.

Auch die weitverbreitete Praktik des Yogas ist eng mit der Hypnose verbunden und zählt zu den traditionellen Meditationspraktiken aus dem Hinduismus. Noch heute angewendete Praktiken wie das Handauflegen bei Hypnose haben ihren Ursprung im Alten Testament und wurden häufig mit bestimmen Körperhaltungen kombiniert. Im Mittelalter galt Hypnose als eine mystische Praktik und wurde oft kritische betrachtet. Erst durch den Aufklärer Mesmer (1734-1815) hat die Hypnose ihren mystischen Mantel abgelegt und dadurch wurde eine neue Ära der Hypnose eröffnet. Doch auch Messner konnte die Wirkung der Hypnose nicht wissenschaftlich bestätigen. Er führte seine Sitzungen meist als Gruppensitzungen durch und konnte daher vor allem als Gruppenpsychotherapeut Lorbeeren ernten. Braid (1795 – 1860) ging, Mitte des letzten Jahrhunderts, erstmals von einer dem Schlaf ähnlichen physiologischen Veränderung während der Hypnose aus. In Großbritannien wurde Hypnose bereits als Unterstützung bei chirurgischen Eingriffen wie Hypnose nach einem Unfall oder Hypnose bei Schmerzen eingesetzt. So wurden zu dieser Zeit Amputationen unter Hypnose durchgeführt und erst durch die spätere Verbreitung von Betäubungsmittel abgelöst. Bekannte Neurologen wie Charcot, Janet oder Freud haben das psychiatrische Phänomen der Hypnose danach erneut aufgegriffen. Grundsätze der Hypnose nach Freud sind noch heute weit verbreitet.

Wichtigster Ausgangspunkt für die heute verbreitete Auffassung der Hypnose war die Anerkennung der Hypnose durch Bernheim (1840-1919) und Liebeault (1823-1904) als normalpsychologisches Phänomen. Diese Tradition wurde vor allem im deutschsprachigen Raum durch weitere bekannte Neurologen und Psychiater aufgegriffen und weiterverfolgt. Forel (1848-1930), Bleuler (1857-1939), Benedikt (1957-1940), Hoff und Berner, Heidenheim (1843-1897), Pawlow (1849-1936), Vogt (1870-1959) und andere waren an der Weiterentwicklung der Hypnose maßgeblich beteiligt. In neuerer Zeit wird die spezifische Wirkung der Hypnose durch Autoren wie, Spanos, Barber, Sarbin, Orne und Hilgrad immer wieder aufgegriffen und untersucht.

4.2 Trancetiefen[10]

Man kann eine Trance in leicht, mittel und tief einstufen. Je tiefer die Trance ist, desto weiter ist das Bewusstsein eingeschränkt. Jedoch ist es niemals ganz abgeschaltet. Selbst bei einer tiefen Trance bekommt das Bewusstsein noch alles mit. Es interessiert sich allerdings nicht mehr für das, was in der Umgebung geschieht. Dadurch werden die reale Wahrnehmung und die Kritikfähigkeit extrem eingeschränkt.

> *„Je nach Literatur laufen über 90%, neuesten Erkenntnissen der neuronalen Forschung zufolge sogar 99,999% unserer Wahrnehmungen, Gedanken und Entscheidungen jenseits unseres Bewusstseins ab. Vera F. Birkenbihl erzählt in diesem Zusammenhang oft: „Wenn unser Bewusstsein 1 cm lang wäre, so wäre unser Unbewusstes – einschließlich Funktionen wie Atmung und Kreislauf – etwa 7 km lang." Erstaunlich, oder?*

---

[10] Das Kapitel 4.2 „Trancetiefen" entstand in Zusammenarbeit mit **Stefan Strobl**.

```
        Alltagsbewusstsein
            /\
  _____/  _____
  Unbewusstes \
              Ressourcen
```

Quelle: Stefan Strobl

> *Du kannst dir das Unbewusstsein aber auch wie ein riesiges Warenhaus vorstellen, während unser Bewusstsein nur immer die Regale links und rechts von sich wahrnehmen kann. Und das ist gut so! Warum? Nun, unser Bewusstsein wäre ziemlich beschäftigt, wenn es sich um alles kümmern müsste. Ein Chef, der alles macht, ist immer überfordert!*
>
> *Überlass doch deinem Mitarbeiter - deinem Unbewussten - die Arbeit! Er ist sowieso viel besser darin. Sag ihm genau, was du willst. Und dein Unbewusstes wird dein stärkster Verbündeter. Bist du jedoch ungenau, könnte es sein, dass es fleißig arbeitet und du am Ende feststellst, dass das Ergebnis dir nicht behagt."*

Diese simplen Erklärungen kannst du wunderbar verwenden, um einem Klienten, der sich zum ersten Mal mit dem Thema Hypnose konfrontiert sieht, bildlich darzustellen, worum es geht.

Ein anderer gern gemachter Vergleich ist der mit einem Eisberg. Die Summe von allem, was wir unser „Ich" nennen, ist wie ein Eisberg. Und wie bei einem Eisberg ist nur ein kleiner Teil offensichtlich. Der größte Teil ist unter der Wasseroberfläche verborgen. Dieser verborgene Teil enthält eine schier unzählige Anzahl an Ressourcen, die genutzt werden könnten.

Leichte Trance (Somnolenz)
Eine leichte Trance ist ein Entspannungszustand, in dem man sich auf ein bestimmtes Thema konzentriert. Das Lesen in einem spannenden Buch, aber auch eine angeregte Diskussion kann diesen Zustand bereits hervorrufen. Ist der Proband auf den Hypnotiseur fixiert, befolgt seine Anweisungen und lässt sich nicht mehr ohne weiteres von anderen Dingen stören, hat der Hypnotiseur bereits einen leichten Entspannungszustand induziert. Der Proband kann sich zu jeder Zeit selbst aus dem leichten Trancezustand zurückholen. Eine leichte Trance erkennt der Hypnotiseur, indem er die Atmung des Probanden beobachtet. Diese wird deutlich ruhiger und flacher, während sich die Aufmerksamkeit, die der Proband gegenüber dem Hypnotiseur hat, erhöht. Somit ist der erste hypnotische Zustand schon erreicht.

Mittlere Trance (Hypotaxie)
Die mittlere Trance wird in den meisten therapeutischen Hypnoseanwendungen angestrebt. In mittlerer Trance sind Beeinflussungen aller Art bereits möglich. Man kann damit den Blutkreislauf, den Hormonhaushalt sowie andere Körperfunktionen direkt beeinflussen. Auch Langzeitsuggestionen entfalten in diesem Stadium ihre volle Wirkung. Weiterhin ist die Schmerzausschaltung bereits in mittlerer Trance möglich (Analgesie). Auch aus einer mittleren Trance kann sich der Proband selbst zurückholen. In den meisten Fällen wird er dies jedoch gar nicht wollen. In mittlerer Trance ist die Atmung flach und ruhig. Der Pulsschlag hat sich deutlich gesenkt. Wenn man den Probanden dazu bringt, zu sprechen, wird er seine Worte deutlich langsamer aussprechen. Manchmal können auch die Augen leicht flattern. Der Gesamteindruck des Probanden ist fast schon so, als wäre er im Halbschlaf.

Tiefe Trance (Somnambulismus)
In tiefer Trance ist es möglich, eine andere Realität und auch Halluzinationen zu erzeugen. Im tiefsten Trancezustand ist ein Eingreifen des Bewusstseins kaum oder gar nicht mehr möglich. Der Hypnotiseur nimmt alle Entscheidungen des Bewusstseins ab. Eine tiefe Trance kann auch zu einer Amnesie (Vergessen, was während der Hypnosesitzung geschehen ist) führen, die jedoch suggestiv verhindert werden kann, sofern dies gewünscht wird. Die tiefe Trance ist hauptsächlich zur Ausführung von Befehlen und für Halluzinationen notwendig. Weiterhin ist auch totale Anästhesie (Betäubung/Narkotisierung) möglich.

Beim Übergang in eine tiefe Trance ist häufig zu beobachten, dass der Proband die Augen verdreht, nach hinten kippt und die Augenlider sehr oft auch ziemlich stark flattern (REM-Phase). Dies muss natürlich nicht immer der Fall sein. Bei manchen sind die Augen sehr fest verschlossen.

4.3 Induktionsmethoden

Um Menschen in Trance zu versetzen gibt es unzählige Möglichkeiten: von der klassischen Hypnose, über die Meditation, Traumreisen, Visualisierungsübungen, autogenes Training bis hin zu Massagen, Klangschalentherapie, Reiki oder Geistheilung führen unserer Meinung nach sehr viele Wege zu dem immer gleichen Zustand der Tiefenentspannung. Grundsätzlich wird in der Hypnose zwischen der direkten und indirekten Hypnose unterschieden. Bei der direkten Hypnose werden dem Klienten direkte Befehle vermittelt. Bei der indirekten Hypnose hingegen, werden die Befehle indirekt vermittelt und oft mit Gefühlen in Verbindung gebracht. Sie sollen dem Hypnotisierten das Gefühl vermitteln sich selbst für das Eine oder gegen das Andere entschieden zu haben. Hypnose mit Musik, Hypnose mit offenen Augen, Hypnose mit Pendel, Hypnose ohne Berührung oder Hypnose ohne Worte kann sowohl als direkte oder indirekte Hypnosen durchgeführt werden. Im Rahmen des NLP Ausbildung haben sich jedoch bestimmte

Techniken bewährt, die praktisch erlernt und hier nur zur kurzen Übersicht angeführt werden sollen:

- **Verbale Induktion**
    - Zählen
    - Treppe
    - Farbe
    - „gut"
    - Metapher & Traumreise
    - Visualisierung (VAKOG)
- **Fixation**
    - Visuell
        - Finger
        - Pendel
        - Ein Punkt im Raum
        - Teelicht
        - Auge
    - Auditiv
        - Metronom
        - Musik
        - Stimme
        - Klangschale
    - Kinästhetisch
        - Atmung
        - Energetisch
        - Trance-Anker
            - Stirn
            - Schulter
- **Überlastung und Konfusion**
    - Millersche Zahl (7 + / - 2 Einheiten)
    - Mantra
    - Warm / Kühl (Körperfokus)
    - Mehrere Punkte im Raum
    - Pattern interrupt (Musterunterbrechung)

- o Handshake induction
- o Handshake interrupt
- o Fraktionierung

4.4 Die drei Prinzipien der Hypnose

1. Auf Anspannung folgt Entspannung
2. Erwartungshaltung aufbauen und erfüllen
3. Alles, was passiert, verstärkt die Hypnose

Eine detaillierte Beschreibung der Techniken, ihrer Wirkungsweise, die empfohlene Durchführung, vertiefende Informationen und weitere Anleitungstexte finden sich im „Hypnose lernen – Praxishandbuch" (ISBN: 978-3-848-20794-7).

4.5 Phänomene

In der klassischen Hypnose unterscheidet man zwischen folgenden typischen und häufig angewandten Phänomenen, die hier zur Übersicht aufgelistet sind:

- Wachhypnose – eine Hypnose ohne Trance im Wachzustand
- Levitation – eine Hypnose als Illusion, um Dinge schweben zu lassen
- Katalepsie – ein Starrezustand in tiefer Trance
- Fraktionierung – Trance-Zustände koppeln
- Hypermnesie – der Nutzen einer starken Erinnerungsfähigkeit bei der Hypnose
- Handshake Interrupt
- Anästhesie und Analgesie – Hypnose die Alternative zur Narkose
- Kinästhetische Delusion
- Fixation

- Energetik & energetische Einleitungen
- Blitzhypnose und Schnellhypnose
- Total Body Katalepsie
- Hypno Sculpture
- Temporäres Vergessen und Ersetzen von Informationen
- Amnesie – Vergessen von Erinnerungen (etwa Zahlen vergessen in Hypnose)
- Ideomotorik – Hypnose mit Pendeln und Hypnose mit Gläserrücken
- Altersregression – Rückführung in ein früheres Lebensalter z. B. in die Kindheit
- Rückführung und Seelenleben – Rückführung durch Hypnose in ein früheres Leben
- Automatisches Schreiben – Schreiben unter Hypnose von Gedanken und Erinnerungen

4.6 Einsatzgebiete

Bereits nach dem Ende des Ersten Weltkriegs wurde die Hypnose zur Behebung amnestischer Erscheinungen, funktioneller Störungen und posttraumatischer Neurosen verwendet. Der Einsatz von Hypnose gegen Schmerzen, Hypnose gegen Depressionen, Hypnose gegen Angst und Hypnose gegen Panikattacken stehen seit dem auf der Tagesordnung vieler Hypnosecenter. Seit 1950 wird der Hypnose eine immer größer werdende klinische Bedeutung zugeschrieben. Dabei hat die Hypnose nach M. Erickson (1901-1980), der eine große Anzahl an hypnotischen Vorgehensweisen in klinischen Bereichen einführte, eine große Bedeutung in der Therapie. Er war auch der Gründer der American Society of Clinical Hypnosis (ASCH) und des international führenden Fachjournals American Journal of Clinical Hypnosis. Die Hypnose nach Milton Erickson wurde von zahlreichen führenden Autoren aufgegriffen und unter anderem auch von Grinder und Bandler durch das „Milton-Modell" in die Techniken des NLP integriert.

Themenbereiche
- Hypnose zur allgemeinen Entspannung
- Hypnose für Raucherentwöhnung
- Hypnose zur Unterstützung beim Abnehmen
- Hypnose für Selbstbewusstsein
- Hypnose für einen ruhigen Schlaf
- Hypnose gegen Schüchternheit
- Hypnose bei Essstörungen
- Hypnose bei Ängsten
- Stress-Abbau und Burn-Out-Prävention durch Hypnose
- Hypnose bei Lampenfieber
- Kreativität steigern durch Hypnose
- Hypnose für mehr Sport
- Hypnose zur Verbesserung der sozialen Kompetenz
- Hypnose bei Rückenschmerzen
- Hypnose bei Asthma
- Sich mit Hypnose besser verkaufen
- Hypnose bei Süchten und Abhängigkeiten
- Hypnose gegen Nägelkauen
- Hypnose gegen Spielsucht
- Hypnose bei Panikattacken
- Hypnose zur Schmerzkontrolle
- Hypnose für mehr Gelassenheit
- Hypnose gegen Allergien
- Hypnose für mehr Disziplin
- Hypnose zur Selbstheilung

4.7 Anwendung in der Praxis

Hypnose in der Medizin

Mittlerweile ist die Methodik der Hypnose wissenschaftlich anerkannt und wird z. B. an der medizinischen Universität Wien mit einem eigenen

Lehrstuhl gelehrt. Warum therapeutische Hypnose in der Medizin immer beliebter wird, liegt aufgrund der vielseitigen medizinischen Vorteile auf der Hand. Eine kurze Behandlungsdauer und die geringe Anzahl bekannter Nebenwirkungen sprechen eindeutig für die medizinische Anwendung von Hypnose. Klären wir nun die Frage: Welcher Arzt macht Hypnose?

Hypnose beim Zahnarzt
In speziellen Praxen wird Hypnose beim Zahnarzt als Alternative zur üblichen, oft mit Ängsten verbundenen Injektion, zur Schmerzlinderung angeboten. Die Frage, „Wer zahlt Hypnose beim Zahnarzt?", ist meist leider nicht einfach zu beantworten. Denn, Hypnose auf Krankenschein wird nur in den wenigsten Fällen gewährt.

Hypnose bei Operationen
In einigen Spitälern z. B. in Frankreich werden sogar Operationen unter Hypnose durchgeführt. Dabei ersetzt die Hypnose die übliche Form der Anästhesie. Im Bereich der Schmerztherapie findet Hypnose gegen Kopfschmerz, Hypnose bei Migräne, Hypnose gegen Krebsschmerz oder Hypnose gegen Schmerzen bei medizinischen Eingriffen ihren Einsatz.

Hypnose gegen Suchtverhalten
Die mentale Hypnose kann dabei helfen, Patienten von sowohl nichtstofflicher als auch stofflicher Sucht zu befreien. Im Bereich der Suchttherapie kommt Hypnose gegen Rauchen, Hypnose gegen Spielsucht, Hypnose gegen Eifersucht oder Hypnose gegen Alkohol zur Anwendung.

Hypnose bei Kindern und Jugendlichen
Vor allem Kinder und Jugendliche sind für die Wirkung der Hypnose empfänglich, da in diesem Alter die individuelle Fantasie und Kreativität noch stark ausgeprägt ist und durch Hypnose gefördert werden kann. Kindern und Jugendlichen wird Hypnose in einer altersgerechten und

spielerischen Form näher gebracht und kann dabei helfen, Alltagsprobleme auf eine schonende Art und Weise zu überwinden.

Selbsthypnose
Selbsthypnose ist eine wichtige Form der Hypnose, die bei persönlichen Problemen wie Liebeskummer, Angst- und Panikattacken oder zur Unterstützung beim Erreichen der persönlichen Ziele eingesetzt wird. Sie hilft dabei, die persönliche Kompetenz zu steigern und dein Leben selbstbestimmt ohne externe Hilfe zu gestalten. Die Arbeit mit Selbsthypnose spiegelt die Individualität jedes Menschen wider und macht es möglich, gezielt auf die individuellen Bedürfnisse einzugehen. Hypnose für besseres Lernen, Hypnose für mehr Selbstbewusstsein, zur Therapie oder Hypnose gegen Prüfungsangst kann neben der klassischen Entspannungsfunktion oder Stressreduktion durch Selbsthypnose und Selbstcoaching erreicht werden. Selbsthypnose ist mehr als ein reines Verhaltenstraining, sie ist eine effektive Methodik, um unerwünschtes Verhalten abzustellen und neue Verhaltensmuster einzugehen. Genauso wie bei der Fremdhypnose durchläuft man bei der Selbsthypnose die Phasen des Vorsatzes, des Herbeiführens des geeigneten Bewusstseinszustands, der Suggestionen durch Interventionen und die Rückkehr zum Alltagsbewusstsein.

Showhypnose
Showhypnose ist nicht nur ein Phänomen, dass Zuschauer begeistert, sondern bestimmte Techniken daraus lassen sich wirkungsvoll auch im Coaching einsetzen. Showhypnose und Coaching? Passt das überhaupt zusammen? Ja! Es passt! Es liegt gar nicht so weit auseinander, wie man vielleicht denkt! Es gibt kaum einen pragmatischeren Weg mit Hypnose zu arbeiten wie die Showhypnose. Hier sind Pre-Talk und die Hypnosetechniken effizient und genau auf den Punkt gebracht.

Durch Showhypnose hat man die Möglichkeit, sein Repertoire deutlich zu erweitern. Man lernt zu verstehen, wie Showhypnose im Detail funktioniert und wie man Rapport-Techniken für sich nutzen kann. Ganz genau so wie das die großen Show-Hypnotiseure es schon seit vielen Jahren mit großem Erfolg machen. Viele Erkenntnisse der Showhypnose sind adaptierbar auf den Coaching-Bereich, stellen jedoch keinen Ersatz, sondern nur eine verantwortungsvolle Ergänzung dar. Showhypnose zeigt, wie einfach es ist, erstaunlich hypnotische Effekte zu erzielen.

4.8 Verbände

Hypnose ist ein Thema in der ganzen Welt. Aus diesem Grund haben sich in vielen Ländern Vereine und Verbände gegründet, um das Hypnosehandwerk in eine einheitliche und seriöse Richtung zu lenken und auch die Ausbildungsmaßnahmen zu strukturieren.

Hypnose in Österreich
Die Österreichische Gesellschaft für freie Hypnose (ÖGH) hat es sich als Ziel gesetzt, die freie Hypnose in Österreich zu fördern und Mitglieder und Interessierte über fachspezifische Fragen zu informieren. Neben allgemeinen Dachverbänden haben sich Mediziner und Fachärzte zur Österreichischen Gesellschaft für Zahnärztliche und Ärztliche Hypnose (ÖGZH) zusammengeschlossen. Die Gesellschaft hat das Ziel, die medizinische Hypnose zu fördern und das Angebot an therapeutischer Hypnose flächendeckend zu erweitern.

Hypnose im Deutschland
Der Deutsche Verband für Hypnose (DVH) ist einer der Hypnose-Dachverbände im deutschsprachigen Raum. Die Mitglieder verpflichten sich eines Ethik-Kodexes und der Einhaltung eines vorgeschriebenen Qualitätsstandards.

Hypnose international
Der National Guild of Hypnotists (NGH) ist der weltälteste und weltgrößte Interessensverband für Hypnose. Neben laufenden Trainings und Zertifizierung hat es sich der Verband zum Ziel gesetzt, weltweit Hypnose in zertifizierter Qualität anzubieten.

4.9 Kritik an Hypnose

Obwohl Hypnose mittlerweile wissenschaftlich anerkannt ist, stehen noch immer Menschen der Hypnose kritisch gegenüber. Sie haben Angst sich manipulieren zu lassen und sich dem Gefühl der Willenlosigkeit auszusetzen. Kritiker behaupten, dass nicht jeder Mensch in der Lage ist, zwischen den Pseudoerinnerungen aus der Hypnose und den Erinnerungen in der Realität zu entscheiden und es zu einer inneren Verwirrung kommen kann.

Kann es sein, dass Hypnose nicht wirkt?
Wer für Hypnose empfänglich ist, hängt von vielen Faktoren ab. Es soll Menschen geben, die sich als äußerst Hypnose resistent zeigen. Diese subjektiven Erfahrungen mit Hypnose werden in vielen Kreisen und Online-Plattformen mit negativer Kritik gleichgesetzt. Zahlreiche Ratgeberseiten berichten über die positiven und negativen Erfahrungsberichte zu Themen, wie „Wer hat mit Hypnose abgenommen". All diese Erfahrungen sind mit Vorsicht zu genießen, da sie nur über eine bestimme Situation berichten und nicht verallgemeinert werden können. Es ist die perfekte Harmonie und das Vertrauen zwischen Hypnotiseur und Klienten, die maßgeblich über den Erfolg von Hypnose entscheiden. Und es ist der persönliche Wille des Klienten, der Wille dazu sich fallen zu lassen und das Abenteuer der Hypnose freiwillig zu begehen.

Gefahren der Hypnose
Wann Hypnose gefährlich ist und wann keine Hypnose angewendet werden soll hängt von vielen Faktoren ab. Wie bei allen Dingen, die unprofessionell bearbeitet werden, können auch bei der Hypnose gefährliche Momente auftreten. Hypnose wirkt in die Tiefe des Menschen, in das Unterbewusstsein ein und so können in bestimmten Fällen psychische und körperliche Probleme ausgelöst werden. Aus diesem Grund ist es wichtig, sich bei der Hypnose in geprüfte Hände zu begeben. Wann Hypnose sinnvoll ist, hängt vor allem von der körperlichen Verfassung ab. Hypnose bei Bluthochdruck, Hypnose bei

Atem-, Kreislauf- und Herzproblemen, sowie Hypnose bei Asthma oder Hypnose bei Epilepsie kann leicht zu unerwünschten Problemen führen. Bei diesen Krankheiten ist es ratsam, im Vorfeld einen Arzt aufzusuchen und sich über die Frage, „Wann ist Hypnose kontraindiziert?", Klarheit zu verschaffen. Außerdem soll Hypnose nicht bei Personen, welche Beruhigungsmittel, Drogen, Psychopharmaka oder Alkohol zu sich genommen haben angewendet werden. Diese Mittel beeinflussen die Hypnosesitzung und können nicht abschätzbare Auswirkungen mit sich führen. Es kann dazu führen, dass der Patient die Geschehnisse der Hypnose in seiner ganzen Form in den Alltag mitnimmt und es zu Problemen in der sensiblen Aufwachphase kommt. Ebenfalls sollte auf den Inhalt der Texte großer Wert gelegt werden. In der Tieftrance wird jedes Wort des Hypnotiseurs ohne zu hinterfragen umgesetzt. Aus diesem Grund ist es notwendig, eindeutige Ansagen zu treffen und die Macht der Hypnose nicht auszunützen.

Hypnose als Problemlöser
Schmerzen, Alltagssorgen und Probleme können durch Hypnose einmal in den Hintergrund treten und die Psyche wird flexibler. Vor allem bei einer Reihe von Verhaltensproblemen kann Hypnose positive Erfolge aufzeigen. Hypnose zum Rauchen abgewöhnen, Hypnose zum Abnehmen oder Hypnose zum Einschlafen kann den Klienten dabei helfen, kreativ an die individuelle Problemlösung heranzugehen. Hypnose kann dabei helfen, Raucher zu Nichtrauchern zu machen, indem in der Hypnosesitzung die Vorteile des Nichtrauchens schmackhaft gemacht werden. Nach dem gleichen System ist es möglich, das Ziel der Gewichtsreduktion durch Hypnose zu verfolgen. In der Suggestion wird dem Klienten das Zielgewicht vermittelt und dadurch das Unterbewusstsein darauf programmiert. Hypnose gegen Rotwerden, Hypnose gegen Prüfungsangst, Hypnose gegen zu früh kommen, Hypnose gegen die Lust nach Süßigkeiten oder Hypnose gegen Stottern sind nur weitere von unzähligen Alltagsproblemen, bei denen Hypnose als Problemlöser auftreten kann.

KAPITEL 5: SPRACHE

Sprachgenauigkeit ist einer der zentralen Aspekte des NLP. Sie beeinflusst einerseits direkt wie wir andere, durch gewollte oder unbewusste Suggestionen programmieren. Andererseits ist sie auch ein Spiegelbild unserer inneren Erlebniswelt. VAKOG-Präferenzen, Glaubenssätze, Vorannahmen und vieles mehr können von einem geübten Kommunikator bereits in kurzer Zeit allein durch aufmerksames Hinhören erkannt werden. Um sich dessen bewusst zu werden, kommen vor allem zwei Modelle, das Meta- und das Miton-Modell, zum Einsatz.

5.1 Meta-Modell

Ein Meta-Modell[xiii] beschreibt ein anderes Modell (deshalb Meta). In der Linguistik und im NLP verstehen wir unsere Sprache als subjektive Abbildung (folglich auch als Modell) der Realität. Das Meta-Modell der Sprache ist aus diesem Verständnis heraus ein Modell des „Modells Sprache". Das ursprüngliche Ziel war es dabei, das Modell der Wirklichkeit eines Menschen so zu erweitern, dass er mehr und vor allem bessere Wahlmöglichkeiten bekommt. Oder anders[xiv] gesagt durch die Syntax explizit zu machen, wie Menschen Veränderungen vermeiden und somit, wie man ihnen helfen sollte, sich zu ändern.

Unser sprachliches und inhaltliches Abbild der Umgebung entsteht mittels dreier, universeller Kreationsprozesse: die Generalisierung, die Tilgung und die Verzerrung. Menschen kommunizieren mit sich selbst (ihrem Bewusstsein) und untereinander (geteilte Realität) durch das Benutzen einer einheitlichen Sprache. Das Gesprochene ist dabei eine vereinfachte Version des eigentlich wahrgenommenen, inneren Erlebens. Die komplette sprachliche und vor allem inhaltlich genaue Wiedergabe dessen, was nach außen kommuniziert werden soll, bezeichnen wir als Tiefenstruktur. Durch die eben beschriebenen Gestaltungsprozesse

(Generalisierung, Tilgung und Verzerrung) geschieht eine passende Verarbeitung (Transformation), die in der geäußerten verbalen Sprache, der Oberflächenstruktur, ihren Ausdruck findet.

Weil der Empfänger einer Botschaft zumeist über einen anderen Erfahrungsschatz verfügt als der Sender, kommt es bei der Rückübersetzung, der Derivation (die Oberflächenstruktur wird zur Tiefenstruktur), oft zu interpretatorischen Fehlern und Verwechslungen. In der Regel sind sich die Kommunizierenden nicht bewusst, dass ein solches Problem besteht, weil sie sich darauf verlassen, dass das Gegenüber dieselbe Sprache spricht. Erst wenn es zu Komplikationen kommt, bemerken sie, dass sie aneinander vorbeigeredet haben.

Das ursprüngliche Meta-Modell setzt sich aus einer Reihe von Gruppen der Wohlgeformtheitsverletzungen und Fragen zusammen, mit denen wir aus der Oberflächenstruktur mehr über die zugrunde liegende Tiefenstruktur erfahren können. Mit den sogenannten Meta-Modell-Fragen werden die Generalisierungen, die Tilgungen und die Verzerrungen, die von der Tiefenstruktur ausgehend die Oberflächenstruktur bestimmen, an bedeutenden Punkten bewusst und im Zweifelsfall rückgängig gemacht. Dies bringt ein Plus an inhaltlicher Sprachgenauigkeit und Klarheit und ist insbesondere für Prozesse relevant, in denen klare Kommunikation wichtig ist z. B. in der Therapie, der Mitarbeiterführung, dem Training u. v. a. m.

Möchtest du sprachliche Äußerungen deines Gegenübers mit dem Meta-Modell überprüfen, um mehr Informationen der Tiefenstruktur zu erhalten, empfiehlt es sich, den Inhalt in der folgenden Reihenfolge zu hinterfragen:

1. Generalisierung
2. Verzerrung
3. Tilgung

Dieses Vorgehen folgert, dass die Tiefenstruktur effektiver analysiert werden kann, ohne dass zu viele, teils unnütze, Informationen hervorgeholt werden. In den nächsten drei Subkapiteln soll auf die einzelnen Klassen im Detail eingegangen werden.

5.1.1 Tilgung

Einfache Tilgungen (Simple Deletion)
Es fehlen Informationen in der Aussage. Hier fehlt ein Satzteil, der zu dem Verb gehört.

Beispiel: „Ich freue mich."
Meta-Modell-Frage: Worüber freust du dich?
Beispiel: „Ich brauche mich nicht mehr zu fürchten."
Meta-Modell-Frage: Wovor brauchst du dich nicht mehr zu fürchten?
Meta-Modell-Fragen: Wer ..., Was ..., Wen ... bzw. was ..., Wem ..., Vor wem ..., Von wem ..., Bezüglich welcher Sache/Person ..., usw.
Peter fürchtet sich. / Wovor fürchtet sich Peter? Mein Bruder lachte. / Worüber lachte er?

Unspezifisches Verb (Unspecified Verb)
Alle Verben, die wir nutzen, sind mal mehr und mal weniger unspezifisch. Bei Verben muss der Empfänger, um den Satz gänzlich zu verstehen, die Bedeutung ergänzen. In vielen Gesprächen ist das kein Hindernis, in anderen fehlen dafür wesentliche Inhalte. Der Satz, „Ich bewundere dich!", hat wohl ebenso viele Bedeutungen wie Sender. Es fehlt ein Satzteil, der zu einem vollständigen Satz mit diesem Substantiv gehört.

Mittels der Meta-Modell-Fragen wird der fehlende Kontext erforscht oder der Prozess genauer analysiert, um die Botschaft besser nachvollziehen zu können.

Beispielverben: lieben, verletzen, wissen, angreifen, erleben, verstehen

Beispiel: "Ich leide!"
Meta-Modell-Frage: Wie genau leidest du? Worunter leidest du? Wann genau leidest du?
Er hat keine Zeit. / Wofür hat er keine Zeit? Ich habe ein Problem. / Ein Problem mit wem, oder was? Der Hund hat große Angst. / Vor wem oder was hat er Angst?

Tilgung beim Adjektiv
Es fehlt ein Satzteil, der zum Adjektiv gehört. Adjetive charakterisieren Substantive, z.B.: groß, blau, rund, mutig usw.

Er ist angesehen. / Bei wem ist er angesehen? Dieser Mann ist erfolgreich. / Wobei ist er erfolgreich? Die Nachricht ist traurig. / Wen macht sie traurig?

Tilgung beim Adverb
Es fehlt ein Satzteil, der zu einem Adverb gehört. Adverbien beschreiben, wie man etwas macht; sie charakterisieren also Verben.

Er verhielt sich angemessen. / Wem gegenüber verhielt er sich angemessen? Offensichtlich ist das ein Problem. / Wem ist das offensichtlich? Bedauerlicherweise kann man nichts mehr daran ändern. / Für wen ist es bedauerlich?

Vergleichstilgung (Comparative Deletion)
Es fehlt das Objekt oder der Maßstab, worauf sich der Vergleich bezieht. Wir unterscheiden drei verschiedenen Stufen von Vergleichen:

1. Positivvergleiche = Vergleiche, in denen zwei Eigenschaften auf der gleichen Stufe miteinander verglichen werden, z.B.: groß, so groß wie, klein, so klein wie, als, so alt wie etc.

2. Komparativvergleiche = Vergleiche, die Unterschiede beschreiben, z.B.: größer, größer als, kleiner, kleiner als, älter, älter als.
3. Superlativvergleiche = Vergleiche, die Höchststufen beschreiben, z.B.: der größte, am größten, der kleinste, am kleinsten, der älteste, am ältesten.

Bei einem Vergleich muss der Empfänger das Vergleichsobjekt aus eigener Interpretation heraus ergänzen, damit der Inhalt eine schlüssige Bedeutung erhält.

In der Meta-Modell-Frage wird nach einem Vergleichswert gefragt und dadurch der Inhalt, vor allem die Relevanz oder Messbarkeit, präzisiert.

Schlüsselworte: besser, weniger, mehr, leichter, ruhiger

Beispiel: "Das Produkt ist zu teuer!"
Meta-Modell-Frage: Im Vergleich wozu ist das Produkt zu teuer?
Beispiel: "Ich lerne so langsam."
Meta-Modell-Frage: Im Vergleich mit wem lernst du langsam?
Bolt ist der Schnellste. / Der Schnellste in Bezug worauf? Das ist mir lieber. / Lieber als was?

Fehlender Referenzindex (Lack of Referential Index)
Hier fehlt der konkrete Hinweis, worauf sich der Inhalt bezieht.

Beispiel: "Das kann doch nicht sein!"
Meta-Modell-Frage: Was genau kann nicht sein?
Meta-Modell-Fragen: Wer genau, Welcher genau, Was genau, Wo genau

Nominalisierung (Nominalization)
Nominalisierungen sind aus Verben und Adjektiven abgeleitete Substantive; sie sind „geronnene" Prozesse. Eine Nominalisierung ist ein Hauptwort, das man nicht anfassen kann. Nominalisierungen sind „Bedeutungsblasen", Worte, die so wirken, als würden sie etwas

bedeuten, die allerdings nicht klar kommunizieren, was genau das ist. Um eine Nominalisierung wieder in einen Prozess umzuwandeln, wird das Substantiv auf das zugrunde liegende Verb oder Adjektiv zurückgeführt und hinterfragt. Die Bedeutung gewinnst du zurück, indem du konkret nach ihr fragst. Besonders beliebt in der Werbung und beladen mit jeder Menge subjektiver Erfahrung, verwenden wir alle Nominalisierungen, ohne uns wirklich klar darüber zu sein, was unser Gesprächspartner *wirklich* darunter versteht. Beispiele dafür sind etwa: Glaube, Liebe, Hoffnung, Freiheit, Sicherheit, Gut und Böse, Reichtum, Gesundheit, Erfolg, u. v. a. m.

Beispiel: „Ich habe eine depressive Phase."
Meta-Modell-Fragen: Woran erkennst du eine depressive Phase? Was bedeutet eine depressive Phase für dich? Wie erlebst du das, wenn du dich depressiv fühlst? Wie machst du das, dass du dich wie in einer depressiven Phase fühlst?

Ich bin voller Hoffnung. / Worauf hoffen Sie? Meine Überzeugung hat sich nicht verändert. / Wovon sind Sie überzeugt? Die Frustration ist einfach zu groß für sie. / Worüber genau ist sie frustriert?

Tilgung durch Verwendung von Modaloperatoren
Modaloperatoren sind Verben und weisen oft zusätzlich auf Generalisierungen hin, die der Gesprächspartner bei der Bildung seines Weltmodells eingesetzt hat. Ein Modaloperator bestimmt ein anderes Verb näher. Es gibt Modaloperatoren der Notwendigkeit (müssen), der Möglichkeit (können), der Erlaubnis (dürfen) und der Empfehlung (sollen). Unser Ziel ist es, nach der Konsequenz oder dem Ergebnis zu fragen.

Ich muss meine Hausaufgaben machen. / Was wird sonst passieren? Wir dürfen nicht zu spät kommen. / Sonst passiert was? Du solltest jetzt auf mich hören. / Was passiert, wenn ich nicht auf dich höre? Wir können es nicht schaffen. / Was hält uns davon ab?

5.1.2 Generalisierung

Fehlender Bezug
Es fehlt der Bezug zu einer spezifischen Einzelerfahrung, sodass die Aussage scheinbar auf alle Erfahrungen zutrifft. Beispielwörter sind: jemand, etwas, Leute, niemand, keiner, man, andere, etc.

Niemand achtet darauf, was ich sage.
Wir wollen uns nicht in Details verlieren.
Man soll nicht lügen.

Universalquantifikatoren (Universal quantifiers)
Der Sender schließt von einzelnen Erlebnissen auf eine allgemeingültige Regel. Universalquantifikatoren werden durch die Fragen nach oder das Vorgeben von einem Gegenbeispiel oder durch Bewusstmachung des gebrauchten Universalquantifikators analysiert.

Schlüsselworte: alle, nie, keiner, dauernd, niemand, immer, ewig, jeder, man

Beispiel: "Alle Männer wollen immer nur das Eine!"
Meta-Modell-Fragen: Kennst du wirklich keinen einzigen Mann, der zumindest ab und zu einmal an etwas anderes denkt? Wirklich alle Männer? Ist das wirklich immer so oder gibt es Ausnahmen?
Niemand achtet auf mich.
Alle Menschen sind schlecht.
Ich mache nie einen Fehler.

Generalisierter Referenzindex
Hier wird eine Aussage über alle Elemente getroffen, jedoch ohne den Universalquantifikator anzugeben. Der Umgang mit diesem Sprachmuster entspricht jenem des Universalquantifikators. Es werden Aussagen über alle Elemente einer Klasse gemacht.

Beispiel: "Deutsche sind risikoscheu!"
Meta-Modell-Fragen: Kennst du wirklich keinen einzigen Deutschen, der zumindest ab und zu einmal etwas Risiko eingeht? Alle Deutschen? Immer?
<u>Frauen</u> sind lieb.
<u>Siamkatzen</u> sind rein.
<u>Alle Männer</u> sind Schweine.

Modaloperatoren (Modal operators)
<u>Modaloperator der Notwendigkeit</u>
Beim Modaloperator der Notwendigkeit wird etwas als notwendig kommuniziert, ohne die dahinter liegende Konsequenz zu nennen.

Schlüsselworte: müssen, sollen, notwendig

Beispiel: "Wer A sagt, der muss auch B sagen."
Meta-Modell-Fragen: Was würde sonst passieren? Welche Konsequenzen würden sich ansonsten ergeben?

<u>Modaloperator der Möglichkeit</u>
Die Modaloperatoren der Möglichkeit lassen uns viele Wahlmöglichkeiten und werden nicht im Detail hinterfragt. Durch das Voranstellen des Wortes „nicht" werden Modaloperatoren der Möglichkeit zur Unmöglichkeit wie nicht können, nicht wollen, nicht dürfen.

Schlüsselworte: können, wollen, dürfen

Beispiel: "Ich kann das lernen."
Meta-Modell-Frage: Wie genau lernst du das? Was tust du, um es zu lernen?

Verlorener Performativ (Lost Performative)

Dabei wird der Urheber verschleiert. Es wird ein Urteil formuliert, ohne zu erwähnen, um wessen Bewertung oder Aussage es sich handelt.

Beispiel: "Es ist besser, keine Gefühle zu zeigen."
Meta-Modell-Fragen: Wer genau sagt das? Wie kommst du darauf? Wessen Meinung ist das? Wer erlebt das so? Hast du selbst die Erfahrung gemacht?

Symmetrische Prädikate
Sie beschreiben immer die Prozesse zwischen zwei Menschen. Dabei trifft zwangsläufig auch das Gegenstück zu.

<u>Hans</u> streitet immer mit <u>mir</u>.
<u>Mein Mann</u> berührt <u>mich</u> nicht mit der Hand.
<u>Sie</u> gibt mir <u>nie</u> die Hand.

Nicht symmetrische Prädikate
Hier geht es um Tätigkeiten, bei denen nur eine Person beteiligt ist. Bei diesen Prädikaten ist das Gegenstück nicht notwendigerweise wahr, auch wenn es oft zutrifft.
Die schöne Frau lächelt mich nicht an. / Lächeln Sie denn die schöne Frau an? Mein Vater besucht mich nicht mehr. / Besuchen Sie Ihren Vater? Ich muss mich ganz alleine um den Haushalt kümmern. / Erhalten Sie von wirklich niemandem sonst Unterstützung?

X oder Y
Hier werden Behauptungen über Kausalbeziehungen aufgestellt, die gar nicht notwendigerweise zutreffen müssen: wenn ich nicht X mache, dann passiert Y. Ich muss gute Leistungen bringen, damit mich die anderen mögen. / Wenn andere gute Leistungen bringen, mögen Sie sie dann? Wenn ich andere nicht liebe, dann liebt mich auch keiner. / Wenn Sie andere Menschen lieben, lieben diese dann immer auch Sie? Es wird morgen regnen, wenn du nicht aufisst. / Gab es auch Tage ohne Regen, nachdem Sie nicht aufgegessen hatten?

Unvollständig spezifizierte Verben
Es werden Verben verwendet, die das Geschehen nur sehr allgemein beschreiben. Im Grunde genommen sind fast alle verwendeten Verben unvollständig. Selbst wenn ich sage: "Ina küsste Mario auf den Mund" gäbe es noch vieles, was man genauer sagen könnte, z.B. wie lange oder wie intensiv. Wir kamen zusammen. / Wie genau kamt Ihr zusammen? Meine Schwester übersieht mich immer. / Wie genau übersieht Sie Ihre Schwester? Meine Katze verlangt nach Aufmerksamkeit. / Wie genau verlang ihre Katze nach Aufmerksamkeit?

5.1.3 Verzerrung

Ursache-Wirkung (Cause-Effect)
Die sprechende Person geht von der Annahme aus, dass ihr Gesprächspartner eine Handlung ausführt, die ihren inneren Zustand auslöst. Dabei gewinnt man den Eindruck, die sprechende Person hätte keine Wahl und müsse das Gefühl erfahren. Tatsächlich ist es aber unmöglich, dass ein Mensch in einem anderen Menschen Gefühle erzeugt. Sie reagieren mit Gefühlen auf Interaktionen mit anderen, aber Sie erzeugen Ihre Gefühle selbst. Hier wird die Verantwortung für Gefühle nach Außen verlagert, wo sie nicht mehr der eigenen Kontrolle unterliegen. Hinterfragen Sie in einem solchen Fall die Aussage, sodass die Verantwortung für die Reaktion wieder selbst übernommen wird. Du machst mich wütend. / Wie genau mache ich dich wütend? Das Augenzwinkern der fremden Frau lenkt mich ab. / Wie genau bewirkt das Augenzwinkern, dass du abgelenkt wirst? Du zwingst mich, Konsequenzen zu ziehen. / Wie genau zwinge ich dich?

Es wird behauptet, dass X automatisch Y auslöst. Ziel ist es, den Ursache-Wirkung-Zusammenhang aufzulösen und damit weitere Optionen zu schaffen.

Beispiel: "Sein Zuspätkommen macht mich wütend!"
Meta-Modell-Fragen: Wie genau führt das Verhalten von X dazu, dass du dich wütend fühlst? Wenn X sich so verhält, was genau geschieht in deinem Inneren, bevor du dich wütend fühlst?

Umgekehrte Ursache und Wirkung (Reverse Cause-Effect)
Eine Person behauptet, dass ihr Verhalten für den Zustand und das Verhalten einer anderen Person verantwortlich ist. Hier zweifelst du entweder die Verknüpfung selbst an oder die Vorannahme, dass es keine Wahlmöglichkeit für den anderen gibt.

Beispiel: "Meinetwegen fühlt er sich schlecht."
Meta-Modell-Fragen: Was genau glaubst du, hast du getan, damit er sich schlecht fühlt? Du hast getan, was möglich war, aber ist es nicht so, dass er seine Reaktion immer noch selbst gewählt hat? Hast du wirklich die Verantwortung dafür oder die Kontrolle darüber, wie er sich fühlt?

Gedankenlesen (Mind Reading)
Oft kommt es vor, dass unser Gegenüber genau zu wissen glaubt, was wir denken oder fühlen, ohne überhaupt einen direkten Anhaltspunkt zu haben. Gedankenlesen kann auch darin bestehen, unbewusste Signale zu interpretieren und sie dann (ohne vorherige Verifizierung) auszusprechen, als wären es Fakten. Beim Gedankenlesen wird von einer Person behauptet zu wissen, was in ihr vorgeht, was sie denkt oder fühlt. Bei der Meta-Modell-Frage geht es darum herauszufinden, aufgrund welcher Wahrnehmung jemand glaubt, die Gedanken korrekt lesen zu können.

Beispiel: "Mein Kollege mag mich nicht!"
Meta-Modell-Fragen: Woher weißt du das? Bist du dir sicher? Könnte es anders sein?
Ich weiß genau, was du jetzt denkst. / Woher weißt du was ich denke? Wenn du mich lieben würdest, würdest du tun, was ich von dir erwarte. /

Woher weißt du, dass ich weiß, was du von mir erwartest? Nie denkst du an mich. / Woher weißt du, dass ich nie an dich denke?

Verlorener Performativ (Verlorener Sprecher)
Dabei wird der Urheber verschleiert und ein Glaubenssatz übernommen, ohne diesen vorher zu reflektieren. Es wird somit ein Urteil formuliert, ohne zu erwähnen, um wessen Bewertung oder Aussage es sich handelt.

Es ist falsch, andere Menschen zu töten. / Wer sagt das? Das tut man nicht. / Wer behauptet das? Zu viel arbeiten macht krank. / Woher wissen Sie das?

Umgekehrtes Gedankenlesen (Reverse Mind Reading)
Eine Person nimmt an, dass eine andere Person ihre Gedanken lesen kann, und erwartet, dass sich diese andere Person deshalb auch dementsprechend zu verhalten habe.

Beispiel: "Er sollte wissen, dass ich das nicht mag."
Meta-Modell-Frage: Woher sollte er das wissen? Wieso gehst du davon aus, dass er es weiß?

Komplexe Äquivalenz (Complex Equivalence)
Es wird behauptet, dass ein Ereignis X = Y bedeutet. Bei der Meta-Modell-Frage wird der Kausalzusammenhang in Frage gestellt oder ein Gegenbeispiel erzeugt. Im besten Fall wird dadurch X von Y wieder getrennt und es kann neu bewertet werden. Zwei Erfahrungen werden als bedeutungsgleich dargestellt. Der Sprecher behauptet in einem Atemzug zwei Dinge und bringt dieser miteinander in Verbindung.

Beispiel: "Du liebst mich nicht, weil du mir keine Blumen mehr mitbringst."
Meta-Modell-Frage: Also Blumen bedeuten Liebe und keine Blumen bedeuten keine Liebe?

Allgemeine Meta-Modell-Fragen dazu sind: Woher weißt Du, dass X = Y bedeutet? Muss X denn automatisch Y bedeuten? Was könnte X denn noch bedeuten? Hast Du niemals X, ohne dass es Y bedeutet hat?

Wer Verletzlichkeit zeigt ist schwach. / Gibt es Menschen die Verletzlichkeit zeigen, weil sie stark sind? Du liebst mich nicht, weil du mich nicht ansiehst, wenn du mit mir sprichst. / Könntest du dir vorstellen, dass ich dich liebe, auch wenn ich dich nicht ansehe? Mein Partner lächelt immer so, dass ich mich ausgelacht fühle. / Wenn Sie Ihren Partner anlächeln, bedeutet es dann, dass Sie ihn nicht ernst nehmen?

Vorannahmen (Presuppositions)
Präsuppositionen sind nicht ausgesprochene, aber vorausgesetzte Aussagen, die wahr sein müssen, damit der restliche Satz einen Sinn ergibt. Präsuppositionen sind stillschweigende Vorannahmen (eigentlich hier synonym zu verstehen mit Glaubenssätzen) - des Senders, die in einer Aussage enthalten sind, aber nicht explizit angesprochen werden und dem Sender somit oftmals nicht bewusst sind. Die Formulierung, "Du sollst keine anderen Götter haben neben mir", aus den Zehn Geboten der Bibel enthält etwa die Präsupposition, dass es andere Götter gibt.

Beispiel: "Du bist genauso egoistisch wie dein Vater."
Meta-Modell-Frage: Woher weißt du, dass mein Vater egoistisch ist?

Wenn du wieder eklig zu mir bist, gehe ich nicht mit dir aus. / Was genau erschien eklig? Inzwischen hat er Fortschritte gemacht. / Woher weißt du, dass er vorher nicht gut war? Wenn du klug wirst, wirst du meine Entscheidung verstehen. / Was lässt dich annehmen, dass ich momentan nicht klug bin?

5.2 Milton-Modell

Das Milton-Modell des NLP ist tatsächlich die Umkehrung des Meta-Modells. Anstatt durch passende Fragen gezielt Information zu sammeln, bedienen wir uns nun einer möglichst vagen Sprache. Diese bewussten Meta-Modell-Verletzungen begehst du beispielsweise, um möglichst viele Menschen anzusprechen und abzuholen. Dies kennst du bereits aus Werbung und Politik, besonders wenn sich hohe Entscheidungsträger in Interviews nicht festlegen wollen und sie keine spezifischen Aussagen tätigen, obwohl sie sich eingehend mit dem Thema beschäftigen.

Das Milton-Modell[xv] ist ein überaus wichtiger Bestandteil des Modells von NLP und beruht auf dem linguistischen Modellieren, der Arbeit mit Milton. H. Erickson. Dr. Richard Bandler und John Grinder beobachteten den Hypnosetherapeuten während dessen Arbeit und beschrieben seine Eigenheiten, Sprache ganz gezielt zu verwenden. Daraus entstand eben dieses Milton-Modell, das dir vermittelt, was Erickson an Sprachmustern zur Verfügung stand und wie er diese angewendet hat[xvi].

Beispiele der Sprachmuster des Milton-Modells[xvii]

Gedankenlesen	Ich weiß, du überlegst gerade …
Verlorener Performativ	… und es ist gut, sich zu überlegen …
Ursache-Wirkung	… weil …
Komplexe Äquivalenz	… das zeigt …
Präsupposition (Vorannahme)	… dass du noch besser lernst …
Universelle Quantifizierung	… all die Dinge, diese vielen Dinge …
Modaloperatoren	… die du lernen kannst …
Nominalisierungen	… ermöglichen dir neue Erkenntnisse …
Unspezifische Verben	… und du erlebst dabei neue Möglichkeiten …

5.2.1 Tilgungen

Nominalisierungen
Nominalisierungen sind nicht näher definiert und werden je nach Kontext, Erziehung und Erfahrung von Menschen subjektiv interpretiert. Zum Beispiel bedeutet Sicherheit für jeden etwas anderes. Um

herauszufinden, was dein Gesprächspartner darunter versteht, fragst du etwa so: „Woran erkennst du, dass du sicher bist?"

Willst du die Information tilgen, erstell einfach eine Nominalisierung.

Vage Wörter
Kein Verb definiert die komplette Aktivität, aber es kann auch mehr oder weniger genau beschreiben, worum es geht.

Beispiele: machen, lösen, verändern, denken, hineinfühlen, wissen, erleben, erkennen, erinnern, aufnehmen, tun …

Unbestimmter Inhaltsbezug
„Man kann sich entspannen."
„Das kann man leicht lernen."
„Du kannst eine bestimmte Empfindung spüren."

Aussagen wie diese veranlassen den Empfänger, die Botschaft auf sich selbst zu beziehen, da sie unkonkret formuliert ist. Er muss dies tun, um aus dem Vergleich mit seiner inneren Erlebniswelt einen Bezug herstellen zu können. Dadurch ist es dir möglich, allgemein gültige Regeln zu definieren, die dein Gegenüber eher annehmen wird, als wenn du einen direkten Befehl gibst.

Allgemein
Beispiel: „Ich weiß, dass du neugierig bist."

Worauf ist man neugierig? Das Objekt wurde hier komplett ausgelassen. Erneut muss der Empfänger den fehlenden Inhalt selbst füllen.

Vergleich
Bei einem Vergleich ist der Empfänger ebenso gezwungen, sich selbst als Vergleichsmaßstab einzusetzen, um die Botschaft zu verstehen.

Vergleichsworte sind etwa: besser, weniger, mehr, leichter, ruhiger, …

Beispiel: „Kannst du bereits erkennen, wie viel dir diese Information bringen wird?"

5.2.2 Semantische Fehlgeformtheiten

Kausalitäten

Der Sender verwendet Worte, die eine kausale Beziehung von Ursache und Wirkung implizieren. Oftmals ist dies eine Verknüpfung zwischen einer dem Gesprächspartner bekannten Information (Beobachtung) und einer neuen (Suggestion).

Es gibt drei Arten von Verknüpfungen, die sich im Wirkungsgrad steigern. Normal wird mit der schwächsten begonnen und die Intensität dann sukzessive gesteigert.

1. Stufe: Verknüpfung mit „und"

„Du hörst den Klang meiner Stimme, und du beginnst, dich zu entspannen."
„Du atmest ein und aus, und du bist neugierig, was du wohl lernen wirst."
„Während du so da sitzt und lächelst, kannst du langsam in Trance fallen."
„Indem du dich vor- und zurückwiegst, kannst du dich mehr und mehr entspannen."

2. Stufe: Verknüpfung mit „bewirken", „verursachen", „zwingen", „erfordern", „beweisen" oder „zeigen"

„Dein Kopfnicken bewirkt (kann bewirken), dass du dich noch mehr entspannst."
„Dass du hier bist, zeigt, dass du schon dabei bist, dein Problem zu lösen."

3. Stufe: Verknüpfung mit „bedeutet" oder „je ... desto ..."

„Dass du lächelst, bedeutet, dass du Humor hast!"
„Je verkrampfter du jetzt bist, desto entspannter kannst du nachher sein."

Gedanken lesen

Du kannst deine Glaubwürdigkeit steigern, indem du dich so verhältst, als wüsstest du, was in einer anderen Person vorgeht. Dies setzt voraus, dass du eine vage Sprache sprichst und keine Widersprüchlichkeiten erzeugst.

Wörter hierfür sind „vielleicht", „möglicherweise" und „könnte"

Beispiele:
„Du fragst dich vielleicht, was ich als Nächstes sagen werde."
„Du möchtest vielleicht, mehr über die Trance erfahren."
„Du fragst dich vielleicht, wie tief du gleich entspannen wirst."

5.2.3 Generalisierung

Anonymisierung

Diese Methode ermöglicht dir, Präsuppositionen zu programmieren, ohne sich dafür erklären zu müssen.

Beispiele:
„Es tut gut, sich am Ende eines langen Tages zu entspannen."
„Das ist richtig."
„Es ist nicht wichtig, ob du die Augen sofort oder erst in fünf Sekunden schließt."

Universelle Quantifizierungen

Diese signalisieren Generalisierungen, die in Wirklichkeit nicht zulässig sind.

Beispiele: alle, jeder, nie, keiner, niemand

„Jeder Atemzug lässt dich ein wenig tiefer in die Trance gehen."
„Und ich frage mich, wie alle deine Erfahrungen sich in nützliche Ressourcen verwandeln."

Modaloperatoren

Modaloperatoren modifizieren den Inhalt eines anderen Verbs. Man kann sie unterteilen in Modaloperatoren der Notwendigkeit (müssen, sollen) und Modaloperatoren der Möglichkeit (dürfen, können).

Beispiele:
„Ist es nicht erstaunlich, was du alles erfahren kannst."

„Und du fragst dich, was zuerst geschehen wird."

5.2.4 Vorannahmen

Präsuppositionen sind wirkungsvolle Sprachmuster, mit denen du etwas behaupten kannst, das du nicht in Frage gestellt haben willst. Normalerweise bieten sie mehrere Möglichkeiten an, die aber nur synonym mit dem gewünschten Effekt sind.

Beispiele: wissen, erkennen, wahrnehmen, bemerken, merken, gewahr werden.
„Merkst du, wie du schon begonnen hast, neue Dinge zu lernen?"
„Hast du gewusst, wie oft du schon in Trance gegangen bist?"
„Vielleicht hast du gerade bemerkt, wie sich der kleine Finger der rechten Hand bewegt hat."

Temporale Nebensätze

Hierbei handelt es sich um Nebensätze, die mit folgenden Worten eingeleitet werden: bevor, nachdem, während, seit, wenn.

Beispiele:
„Möchtest du dich setzen, bevor du dich einfach entspannst?"
„Kannst du meine Stimme immer noch hören, während dein Atmen sich ganz langsam verändert?"
„Manches Mal fragen sich Menschen, wie entspannt es sein kann, nachdem man die Augen geschlossen hat."

Reihenfolgen

Begriffe, die auf eine bestimmte Abfolge hindeuten, wie: noch ein, zuerst, zweitens, drittens, nächstes, danach.

Beispiele:
„Vielleicht bist du gespannt, welcher Teil deines Körpers sich zuerst entspannt."
„Vielleicht bist du neugierig darauf, was danach passieren wird."

Adjektive und Adverbien

Worte wie: leicht, einfach, schnell, tief, sehr

Beispiele:
„Wie einfach kannst du beginnen dich zu entspannen?"
„Bist du tief in Trance?"

Scheinalternative

Mit dem Wort „oder" ist die Präsupposition verbunden, dass eine ganz bestimmte Variante mehrerer Möglichkeiten realisiert wird.

Beispiele:
„Möchtest du dir die Zähne vor oder nach dem Baden putzen?"
„Gehst du in eine leichte oder in eine tiefe Trance?"

5.2.5 Indirekte Auslöser

Diese Sprachmuster sind sinnvoll, wenn du eine bestimmte Reaktion unbewusst hervorrufen willst.

Versteckte Fragen

Hier sind die Fragen in einem komplexeren, inhaltlichen Aufbau integriert.

Beispiel:

„Es würde mich interessieren, was du dir von diesem Gespräch versprichst."

Versteckte Befehle

Hier sind die Imperative in eine komplexere Struktur eingebettet.

Beispiele:
„Und während du in diesem Sessel sitzt und meine Stimme hörst, entspanne dich."
„Ich frage mich, wann du bemerkst, dass du entspannt bist."

Negationen

Um eine Negation im Gehirn umzusetzen, bedarf es zuerst der Erzeugung jenes Bildes, das wir danach wieder umkehren – negieren – sollen. Ein Beispiel dafür wäre die Beschilderung in einem Park „Bitte nicht über den Rasen laufen." Welches Bild hast du im Kopf? Richtig, dass du über den Rasen gehst. Sinnvoller wäre: „Bitte den Gehweg benutzen."

Es sei denn, du willst, dass dein Gegenüber die Negation in Wirklichkeit doch bedenkt.

Beispiel:
„Du kannst nicht verhindern, darüber nachzudenken."

Ambiguitäten

Eine Ambiguität (Doppeldeutigkeit) besteht, wenn eine Oberflächenstruktur (Worte) mehr als eine Bedeutung haben kann. Die Mehrdeutigkeit im Meta-Modell bedeutet, dass mehr als eine Tiefenstruktur mit der Aussage verknüpft ist.

Phonologische Ambiguität liegt dann vor, wenn dasselbe Wort oder die gleiche Klangsequenz gleiche Bedeutungen hat:

Beispiele: der/die Weise, mehr/Meer, Leere/Lehre, sehen/säen

"Bedenken Sie dieses Mehr/Meer an Möglichkeiten."
"Die Möglichkeiten, die sie jetzt sehen/säen, werden um ein Vielfaches zunehmen."

Zitate

Zitate kannst du benutzen, um Aussagen oder Anweisungen zu machen, ohne für den Inhalt verantwortlich zu sein oder um Aussagen durch das Heranziehen von fremden Autoritäten zu bekräftigen.

"Jemand, der dich nicht kennt, würde denken, ...!"
"Was würdest du an meiner Stelle dir raten?"
"Was würdest du an deiner Stelle dir raten?"
"Hätte eine andere Person dieses Problem, würde ich sagen, ...!"
"Ich würde ja nie behaupten, dass ...!"
"Der Papst würde jetzt sagen: ... ."

5.3 Meta-Modell-Fragen in der Praxis

Laut einem Bericht[xviii] füllen bei der Fluglinie QANTAS, Piloten nach jedem Flug ein Formular aus, auf dem sie die Mechaniker über Probleme informieren, die während des Flugs aufgetreten sind und die eine Reparatur oder eine Korrektur erfordern. Die Mechaniker informieren im Gegenzug auf dem unteren Teil des Formulars die Piloten darüber, welche Maßnahmen sie jeweils ergriffen haben, bevor das Flugzeug wieder startet. Man kann nicht behaupten, dass das Bodenpersonal oder die Ingenieure hierbei humorlos waren. Hier einige Beschwerden und

Probleme, die tatsächlich so von Piloten der Fluglinie QANTAS eingereicht wurden und die Antwort der Mechaniker. Diese waren ganz offensichtlich auf einem ganz anderen Wege mit dem Meta- und Milton-Modell konfrontiert worden.

P: Bereifung innen links muss fast erneuert werden.
S: Bereifung innen links fast erneuert.

P: Im Cockpit ist irgendetwas locker.
S: Wir haben im Cockpit irgendetwas wieder fest gemacht.

P: Tote Käfer auf der Scheibe.
S: Lebende Käfer im Lieferrückstand.

P: Hinweis auf undichte Stelle an der rechten Seite.
S: Hinweis entfernt.

P: DME ist unglaublich laut.
S: DME auf glaubwürdigere Lautstarke eingestellt.

P: IFF funktioniert nicht.
S: IFF funktioniert nie, wenn es ausgeschaltet ist.

P: Vermute Sprung in der Scheibe.
S: Vermute Sie haben recht.

P: Flugzeug fliegt komisch.
S: Flugzeug ermahnt, ernst zu sein und anständig zu fliegen.

P: Maus im Cockpit.
S: Katze installiert.

5.4 Reframing

Reframing beschreibt die Fähigkeit, ein Verhalten oder eine Situation aus unterschiedlichen Perspektiven zu beleuchten. Sie macht unseren Geist frei und beweglich und ist eine Kombination aus Meta- und Milton-Modell. Trainierst du das, wirst du deine eigenen Wahlmöglichkeiten und die deiner Klienten in schwierigen Situationen erheblich steigern. Diese Technik beschäftigt sich mit dem Umdeuten von Inhalten, Bedeutungen, dem Kontext und ist generell ein gutes inhaltliches Verhandlungswerkzeug. Reframing bedeutet wörtlich[xix], ein Bild oder ein Erlebnis mit einem neuen Rahmen zu versehen. Im psychologischen Bereich beinhaltet Reframing, dass man die Bedeutung von etwas verändert, indem man es in einen anderen Rahmen oder Kontext stellt. Ein psychischer Rahmen ist der kognitive Kontext eines bestimmten Ereignisses oder Erlebnisses, der die Grenzen der Einschränkungen der jeweiligen Situation festlegt. Rahmen haben starken Einfluss darauf, wie wir bestimmte Erlebnisse und Erfahrungen interpretieren und wie auf sie reagiert wird. Ein Bilderrahmen eignet sich gut, um das Konzept des Reframings verständlich zu machen. Je nachdem, was der Rahmen, in den ein Bild gefasst ist, erkennen lässt, verfügen wir über unterschiedliche Informationen hinsichtlich des Bildinhaltes und nehmen deshalb das Dargestellte anders wahr. So kann ein Fotograf oder Maler, der eine Landschaft darstellen will, im Rahmen seines Bildes nur einen Baum erfassen, er kann aber auch eine Wiese mit vielen Bäumen, Tieren und vielleicht sogar einem Bach oder Teich darstellen. Der Rahmen entscheidet darüber, was ein Betrachter zu einem späteren Zeitpunkt in dem Bild sieht. Ebenso bestimmen psychologische Rahmen, wie wir eine Situation erfahren oder interpretieren, denn sie prägen unsere Sichtweise eines bestimmten Erlebnisses.

> "Es gibt nichts, das an sich gut oder schlecht wäre, nur das Denken macht es so."
> **- William Shakespeare**

KAPITEL 6: KOMFORTZONE

Deine persönliche Wohlfühlzone, die Komfortzone, ist von bekannten Situationen aus dem Alltag geprägt. Sie vermittelt dir ein Gefühl von gelernter Sicherheit und bringt keine bösen Überraschungen mit sich. Alles Neue, alles, was man zuvor noch nie getan hat, liegt daher beim ersten Mal außerhalb des persönlichen Komfortbereiches. Situationen und Dinge außerhalb der Komfortgrenzen sind mit Ängsten und Unsicherheit verbunden. Daher ist es eine natürliche Reaktion, diese Unsicherheiten zu vermeiden und vor sich herzuschieben.

6.1 Der innere Wächter - das limbische System

Das limbische Gehirnsystem ist für die natürliche Angst, deine Komfortzone zu verlassen, verantwortlich. Es ist mit einem hohen Überlebensinstinkt ausgestattet und versucht den Körper vor möglichen Gefahren zu bewahren. Überleben ist die einzige Devise! Neue Situationen und Herausforderungen führen Veränderungen von gelernten Ritualen mit sich. Dabei läuten beim limbischen Gehirnsystem die Alarmglocken und große Gefahr scheint im Anmarsch zu sein. Alles Neue ist deshalb für unsere Komfortzone in erster Linie einmal prinzipiell schlecht. Du weißt nicht über den Erfolg Bescheid und auch mögliche damit verbundene Gefahren sind noch nicht geklärt und abschätzbar. Das limbische System ist wie ein Anker, der dich in manchen Situationen zurückhält oder wie ein Magnet, der dich nicht freigibt und für deine Angst-Reflexe in unbekannten Situationen verantwortlich ist. Dinge, die du schon längst erledigen wolltest, werden immer wieder hintangestellt.

Seit Monaten wollte Barbara schon eine Yoga-Schule besuchen. Doch immer wieder kam ihr etwas dazwischen. Sie hatte ständig große Zweifel, komplett unvorbereitet dorthin zu gehen. Ihre Angst, die anderen Teilnehmer wären mit Sicherheit viel weiter und besser als sie selbst, und die Sorge vor einem Versagen waren sehr groß. Letzte Woche war es dann endlich soweit, Barbaras erste Yoga-Stunde wurde zur Realität. Sie war schwer begeistert und auf Anhieb davon überzeugt. Im Nachhinein konnte Barbara nicht verstehen, wieso sie der erste Schritt zur Yoga-Stunde so viel Überwindung gekostet hatte. Da Barbara nun weiß, was sie zukünftig erwartet, stellt die zweite Yoga-Stunde kein Problem mehr dar. Ihr limbisches Gehirn hat gelernt, dass ein Yoga-Studio nicht mit gefährlichen Situationen verbunden ist und es hat nichts mehr dagegen, öfter hinzugehen.

Warum es wichtig ist, die eigenen Grenzen zu überschreiten

Mittlerweile trainiert Barbara gezielt, die Grenzen ihrer persönlichen Wohlfühlzone zu überschreiten. Rückblickend hat sie sich in ihrer Studentenzeit immer wieder in der Sicherheit der Komfortzone versteckt und sich durch dieses instinktive Setzen von Grenzen persönlich kaum weiterentwickelt. Heute versucht Barbara bewusst ihre Komfortzone zu überschreiten und ihre persönliche Weiterentwicklung konnte enorm davon profitieren. Dinge und Situationen, die früher mit Herzklopfen verbunden waren, sind heute alltäglich, gehen ihr leichter von der Hand und sind mit keinen Ängsten verbunden.

Sogar das Halten eines Vortrages vor einer größeren Menschengruppe oder die Moderation eines Workshops sorgen kaum noch für Angstperlen auf der Stirn. Auf Veranstaltungen geht Barbara heute aktiv auf Menschen zu und spricht sie an, egal, ob es sich dabei um bekannte oder völlig fremde Personen handelt. Wenn Barbara im Sommer einen attraktiven Mann am Seeufer entlangspazieren sieht, spricht sie ihn einfach an. Leider gibt es bei manchen Sachen nicht immer ein Erfolgsrezept und jede Begegnung bringt eine andere Wendung mit sich.

Die Angst vor Neuem ist ein natürlicher Instinkt, vor dem wir uns nicht schämen müssen. Es ist nicht schlimm, Angst zu haben, doch es ist schlimm, sich von der Angst blockieren zu lassen. Das Überwinden von Ängsten ist ein wichtiger Schritt für die persönliche Weiterentwicklung. Es ist ein wichtiger Schritt auf der Reise über die Grenzen der Komfortzone. Stell dich deiner Angst! Du wirst dadurch sichtlich reifen und dein persönliches Erfolgserlebnis kann dir keiner mehr nehmen. Es ist für ewig in dir verankert!

„In jungen Jahren lernt man besser als im Alter". Vielleicht hast du diese Weisheit schon einmal gehört. Früher war unser Leben von viel Irrglauben und Ängsten geprägt. Die Erde sei eine Scheibe und am Horizont angekommen, befindet sich das Ende der Welt mit der Gefahr, von der Erde zu kippen, ist eine davon. Heute wird unsere Welt problemlos von Schiffen umrundet und unser Planet von Satelliten umkreist. Die Aufnahmen aus dem All geben uns den eindeutigen Beweis: Die Erde ist eine Kugel. Doch selbst diese Beweisfotos reichen für die an alten Überzeugungen festhaltende „Flat Earth Society" nicht aus, um ihr Meinungsbild zu ändern. Laut neuesten Feststellungen aus der Psychologie und Neurowissenschaft ist ein gewisses Maß an Gelassenheit und Standhaftigkeit erforderlich, um neue Inhalte anzunehmen und alt Gelerntes auszutauschen. Eine wesentliche Feststellung der Gehirnforschung sagt aus, dass selbst im Erwachsenenalter unser Gehirn noch zu Höchstleistungen im Stande und extrem anpassungs- und lernfähig ist.

Sei die Ursache und nicht das Weil!

Unter Experten aus dem technischen Bereich ist folgender Gag weit verbreitet: „Sitzt die Schraube locker, ist die Schuld bei der Mutter zu finden." Und tatsächlich haben viele erwachsene Menschen heute noch den Irrglauben, dass ihr unglückliches Leben einzig und allein auf der Kindheit beruhe. Im Englischen wird diese Situation durch den Begriff

„be cause" und nicht „cause" beschrieben. Gib dir selbst den Anstoß in deinem Leben und suche nicht nach Weil-Begründungen und Ausreden. Schon Albert Schweitzer hat uns folgende Erkenntnis auf den Weg mitgegeben: „Hört damit auf, alle Probleme auf die Umwelt abzuschieben. Fangt stattdessen wieder damit an, die Dinge selbst anzugehen und Verantwortung für das persönliche Handeln zu übernehmen."

Eigene Verantwortung übernehmen, der Zwilling der Freiheit

Sei dir bewusst, jeder von uns hat die individuelle Freiheit, die Zukunft von morgen selbst zu finden und zu gestalten. Dabei ist es notwendig, die persönlichen, einschränkenden Glaubenslehren zu bewältigen. Manchmal klingt dies absolut absurd. So lässt sich ein abgerichteter Elefantenbulle an einem bloßen Stöckchen festbinden. Untertags reißt er mit seinen immensen Kräften riesige Bäume aus oder hilft im Straßenbau beim Tragen von schweren Felsbrocken. Trotz seiner Kräfte lässt sich der Elefant durch den geringen Widerstand eines Stockes bremsen. Dies beruht auf seinen Erfahrungen als Elefantenbaby. Als junger Elefant wurde ihm schnell klar, dass das Ziehen an Stachelketten außer bestialischen Schmerzen zu nichts führt. Früher oder später hat er vor Angst jegliches Ziehen, auch nur ein leichtes Ziehen an der Kette unterlassen. Jeder von uns hat bildlich gesehen die eine oder andere Fessel im Kopf, die uns blockiert.

Befrei dich daher von den persönlichen Gefängnismauern in deinem Kopf! Fang damit sofort an und schieb diese Entscheidung nicht immer wieder vor sich her. Wenn du das Jetzt nicht nutzt, dann ist der Sinnspruch von Christa Busta angebracht: „Morgen werde ich damit starten. Gestern wollte ich eigentlich heute schon." Dieser natürliche Hang zum Aufschieben wird in der Wissenschaft als Prokrastination bezeichnet. Aus diesem Grund ist es erforderlich, innerhalb von drei Tagen erste Schritte in Richtung Veränderung zu setzen. Deine bisher gefühlten, gedachten und ausgeübten Muster im Gehirn werden mit

Sicherheit einen nicht unerheblichen Einfluss auf dein Handeln haben. Mit dem Jetzt und dem ersten Schritt von deiner vertrauten Komfortzone der Komm-vor-Zone entgegen, kannst du neue, lösungsorientierte Muster für deine aktuelle Lebenssituation schaffen und neue Möglichkeiten wahrnehmen.

> „Alles beim Alten beizubehalten und darauf zu hoffen,
> dass von selbst eine Veränderung eintritt,
> ist die reinste Prägung des Wahnsinns."
> (Albert Einstein)

Es gibt genau eine Person, auf die du 1:1 Einfluss ausüben kannst und das bist du selbst. Dadurch wandeln sich auch deine Beziehungen. Veränderung in dir führt unvermeidlich zu einer Veränderung in deiner Umwelt. Die Redewendung: „Wie du in den Wald hineinrufst, so hallt es zu dir zurück!", findet hier ihre Bestätigung. Sei daher dein persönliches Lenkrad! Dieses selbstständige Lenken wird als Lebens-Führung bezeichnet und ist sinngemäß als „das eigene Leben bewusst zu führen" zu verstehen. Entfalte dich und finde deinen persönlichen Individualismus. Hör niemals auf, mit Neuem zu starten. Nimm dein Leben bewusst in die Hand und fang an, es freudig selbst zu bestimmen. Überleg dir, wann hast du das letzte Mal etwas komplett Neues erstmalig ausprobiert?

6.2 Warum man die Komfortzone verlassen muss

Beim Verlassen der Komfortzone ist es wichtig, die Sache nicht zu übertreiben! Du selbst bist dein Reiseplaner und bestimmst über Ziel und Tempo. Dabei solltest du die gesunde Menge an Abenteuer nicht überschreiten und nicht in Stress verfallen. Die Stressresistenz ist bei jedem Menschen individuell verschieden ausgeprägt. Ausschlaggebend ist dabei nicht der Zeitpunkt, ab wann Stress einsetzt, sondern ob es sich dabei um Stress in seiner positiven oder negativen Ausprägung handelt.

Ab einem gewissen Ausmaß von Abenteuer ist eine Reise über die Grenzen der Komfortzone nicht mehr empfehlenswert, sondern wird als emotionale und seelische Belastung wahrgenommen.

Die schwammige Grenze zwischen Lern- und Panikzone
Versuche dich bei deiner Grenzüberschreitung in der Lernzone zu befinden. Die Lernzone ist die persönliche Entspannungszone für deinen Geist und mit dem Eustress, einem positiven, anziehenden Stress, verbunden. Sie fordert und fördert dich in einem gesunden Verhältnis. In ihr führst du unterbewusst zahlreiche geistige und emotionale Dehnübungen durch. Umso weiter du dich von deinem bekannten Umfeld entfernst und die Reise ins Ungewisse wagst, umso weiter entfernst du dich auch von deiner Lernzone. Du betrittst die Panikzone und wirst mit negativem Stress, dem Distress, konfrontiert. Von Panik und negativen Gefühlen wie Ekel oder Ängsten getrieben, ist dein einziges angestrebtes Ziel, so schnell wie möglich wieder in die behütete Komfortzone zurückzukehren. Dort, wo sich blockadefreies Lernen in Lernen mit Druck und Ängsten wandelt, ist die Grenze zwischen Panik- und Lernzone zu finden. Wie schon bei der Komfortzone werden auch Panik- und Lernzone von jedem Menschen unterschiedlich wahrgenommen. Wo sich die genauen Grenzlinien befinden, lässt sich nur durch stetiges Lernen und aktives Entdecken neuer Möglichkeiten herausfinden und die Grenzen verändern sich laufend.

Das reizvolle Verlassen der Komfortzone
Welche Umstände treiben uns eigentlich dazu, etwas Neues zu starten, das sich im Vorfeld bereits als unangenehm, bedrohlich und stressig angekündigt hat? Oberflächlich betrachtet erscheint dieses bewusste Aufbrechen in etwas Neues, in fremdes Terrain, als absolut nicht empfehlenswert. Routine und gelerntes Verhalten wie fixe Arbeitszeiten, Jour Fix-Meetings, Donnerstagabend Trainings oder der Alltag mit dem Partner zeigen sich für manche Menschen als viel einfacher und praktischer. Das Existieren innerhalb des Komfortzonenbereichs zeichnet sich sogar durch eine dreifache Bequemlichkeit aus: Man befindet sich in

einem gewohnten Umfeld, kann überleben ohne nachzudenken und es ist nicht notwendig, sich mit den Überraschungen des Lebens zu beschäftigen. Außerdem verfolgt das Gehirn stets das primäre Ziel, Handlungen und Gewohnheiten zu automatisieren und setzt dies mit ausdrücklicher Glückseligkeit gleich.

Warum solltest du die Grenzen der Komfortzone dennoch überschreiten wollen? Die Situation, den unbekannten Trumpf außerhalb deiner Komfortzone nur sehr ungenau wahrnehmen zu können, ist bei deiner Entscheidung nicht wirklich eine Hilfe. Da du bis jetzt nicht weißt, was dir entgangen ist, wird sich dein Bedauern, etwas Interessantes zu verpassen, in Grenzen halten. Dennoch löst der Reiz des namenlosen Glücks bei vielen Menschen eine gewisse magische Anziehung aus. Der Glaube, dass sich alles zum Besseren wendet ohne dabei die Grenzen der Komfortzone überschreiten zu müssen, ist eine blauäugige Betrachtungsweise, die meist an der Wirklichkeit scheitert. Trotz der enormen Anziehung, das Leben in der persönlichen Komfortzone zu genießen, gibt es für jeden Anlässe und Auslöser für eine Veränderung. Weiterentwicklung, etwas Neues lernen, Steigerung des Selbstvertrauens und -wertgefühls, mehr Flexibilität und Beweglichkeit sind nur einige der vielen Beispiele dafür.

Ausflüge mit Rückfahrtticket – die Entscheidung gegen das System
Der Grundgedanke ist, regelmäßige Touren außerhalb der Komfortzone zu unternehmen. Die Absicht dabei ist nicht wie eine Märchengestalt verstoßen zu werden, sondern durch die Erlebnisse zu lernen. Das eigentliche Ziel liegt darin, einen ersten kleinen Schritt in ein neues Terrain zu wagen und neue Möglichkeiten und Chancen wahrzunehmen. Das Bewusstsein, jederzeit wieder den Retourgang in Richtung wohlbehütete Komfortzone einlegen zu können, steigert das persönliche Vertrauen in die Sache und vermittelt ein starkes Gefühl von Sicherheit. Warum zeigt sich trotz des möglichen Rückfahrttickets das Verlassen der Komfortzone oftmals dennoch als eine große Herausforderung? Bequemlichkeit, Wirkkraft, Angst, mangelndes Selbstwertgefühl und

Selbstvertrauen, Schamhaftigkeit und gefestigte Verhaltensmuster sind nur einige Blockaden bei der Überschreitung der Komfortzone. Die Tatsache, dass meistens mehrere dieser Motive parallel am Werk sind, erschwert die Lage zusätzlich.

Effizienz und Bequemlichkeit
Ein zentraler Beweggrund, die Sicherheit der Komfortzone nicht zu verlassen, ist der bekannte Wohlfühlfaktor oder die persönliche Bequemlichkeit. In der persönlichen Komfortzone fühlst du dich wohl und sie ist deine individuelle Chillout-Zone. Durch den inneren Autopiloten weißt du mit vertrauten Situationen bestmöglich umzugehen und erreichst mit vergleichsweise geringem Aufwand einen maximalen Nutzen. Nur ein ausschlaggebender, triftiger Grund wie die Möglichkeit auf Effizienzgewinne erzeugt in uns eine Bereitschaft, das sichere Gefühl von vertrauter Effizienz und Bequemlichkeit einschränken zu wollen.

Die Croods – Verkörperung der Angst. In der beliebten Comic-Verfilmung „The Croods" ist die Komfortzone der Steinzeitfamilie Crood auf ihren zentralen Lebensraum, die Höhle, eingeschränkt. Alles außerhalb dieser Komfortzone wird als direkte Bedrohung und Gefahr angesehen. Nur im Schutz der Höhle fühlt die Familie Sicherheit. Das ganze Leben der Steinzeitfamilie ist von Ängsten getrieben und eingeschränkt. Das Angstgefühl hat einen entwicklungspsychologischen Ursprung. In der Evolutionsgeschichte wurde eine gesunde Vorsicht gegenüber der Umwelt und Angst vor Unbekanntem als Vorteil gesehen. Überleben war nur durch eine persönliche Grundangst möglich. In der heutigen, industrialisierten Welt sind natürliche Feinde und ein unmittelbarer Angriff nicht mehr hinter jedem Busch zu vermuten. Das tief in uns sitzende Begehren nach Angstvermeidung durch die Vermittlung von Schutz und Sicherheit ist daher nur mehr bedingt mit den neuen Anforderungen des heutigen Lebens kompatibel. All das in Kombination mit mutmaßlichen Verstandsvorstellungen der Allzeit-Pessimisten oder der professionellen Schwarzseher, trägt nicht zur Vereinfachung der Ausgangssituation bei. Diese gedanklichen, negativen

Problemprophezeiungen, gemeinsam mit dem Unbehagen unserer Vorfahren, führen oftmals zu einer Gelähmtheit und einer Erstarrung innerhalb der Komfortzone.

6.3 Selbstvertrauen

Ein ausreichendes Vertrauen an sich selbst ist eine der essentiellsten Voraussetzungen für die innere Zusage, sich in neues Terrain vorzuwagen. Das Herantasten an die Herausforderungen in neue Welten ist im ersten Schritt üblicherweise mit einer hohen Fehlerwahrscheinlichkeit verbunden. Es ist notwendig, den neuen Wirkungsbereich kennenzulernen, sich darin zurechtzufinden, gelernte Verhaltensmuster anzupassen und zu lernen. Allein der Gedanke, in dieser Anfangsphase Fehler zu machen, löst bei vielen Menschen eine Starrheit aus. Mit einem ausgeprägten Selbstvertrauen ist es leichter, mit dieser Situation umzugehen und Fehler zu bewältigen. Selbstvertrauen ist ein Zeichen für das Vertrauen an sich selbst und in die eigenen Kompetenzen, egal, ob in geregelten und widersprüchlichen Situationen. Bei Menschen mit hohem Selbstvertrauen sind Frustrationstoleranz und Selbstwirksamkeitsgrad stark ausgeprägt und gereift. Man ist von sich selbst überzeugt, gesetzte Ziele durch eigenständiges Handeln erreichen zu können. Bei aus persönlichen oder negativen Erfahrungen angeschlagenem Selbstvertrauen liegt es daher auf der Hand, die Schutzmauer der bewährten Komfortzone nur in wirklichen Notsituationen verlassen zu wollen.

Das Schamgefühl
So wie die Angst hat die menschliche Scham einen evolutionspsychologischen Ursprung. Das ursprüngliche Schamgefühl verfolgte das Ziel, das Zusammengehörigkeitsgefühl innerhalb einer Gruppe oder Familie zu festigen und zu stärken. Als Mensch empfinden wir eine natürliche Scham vor Situationen, die uns innerhalb einer Gruppe bloßstellen, Verachtung hervorrufen oder uns im schlimmsten

Fall aus dem Kreis der Gleichgesinnten ausstoßen. Das Gefühl von Scham fordert auf, die ungeschriebenen Gesetze und Richtlinien innerhalb einer Gruppe zu verfolgen und sich tugendhaft zu verhalten. Mit hoher Wahrscheinlichkeit war die Zugehörigkeit zu einer Gruppe in der menschlichen Entwicklung in bestimmten Situationen von enormem Vorteil. Die ungewisse Aussicht, sich außerhalb der Komfortzone erst zurechtfinden zu müssen und mit mehreren unbekannten Faktoren konfrontiert zu werden, löst nicht selten eine handlungslähmende Scham aus. Die Gefahr einer Blamage ist gegeben und die zentrale Frage über die Gedanken der anderen kreist im Raum.

Die Konsistenz
Menschen sind stets auf der Suche nach einer gewissen Konsistenz in ihrem Leben. Gestern erledigte Dinge sollten auch heute auf die gleiche Art und Weise wieder erledigt werden können. Sah man den Aufenthalt und das Recht in der Komfortzone zu bestehen gestern als sinnvoll an, ist es ein natürliches Bedürfnis, dieses Meinungsbild auch im Heute wiederzufinden. Für den Menschen ist es ein einfaches Vorhaben und ein übertriebenes Anliegen, konsequent und konsistent aufzutreten und angepasst an früher erlebte Verhaltensmuster zu handeln. Für diese Reaktion ist ein unbewusst wirkender psychologischer Automatismus verantwortlich. Dies ist oftmals die Erklärung dafür, dass Menschen das trostlose, aber bekannte und kalkulierbare Bestehen innerhalb der Komfortzone, gegenüber einer mit vielen Unbekannten assoziierten Veränderung bevorzugen. Die dicken Festungsmauern starrsinniger Routine und Konsistenz kämpfen gegen eine mögliche Belagerung durch die Vernunft an und zeigen sich als konsequent unverrückbar. Ein neuer Weg, verbunden mit einem Durchbrechen dieser festgesetzten Barriere, ist nur mit einer inneren Veränderungsenergie und –bereitschaft möglich.

Die Habituation
Wer eine Reise tut, hat viel zu erzählen. Dieser Spruch ist ein Beispiel dafür, wie sich durch Reisen die Komfortzone erweitern lässt. Beim ersten Kontakt mit einer fernen Welt erscheint alles fremd, ungewohnt,

anders als zu Hause und manchmal ist dies auch mit Ängsten verbunden. Bei einer zweiten Reise kannst du auf die Erkenntnisse und Erfahrungen des ersten Besuches aufbauen. Dieser Gewohnheitsprozess wird als Habituation bezeichnet. Zuvor Unbekanntes wird mit der Zeit bekannt, Bekanntes wandelt sich mit der Zeit zu Vertrautem. So wächst deine persönliche Komfortzone stetig. Wenn du ein neues, unbekanntes Terrain für dich entdecken möchtest, musst du zuerst versuchen, dich mit diesem vertraut zu machen und es kennen lernen. So steht einem hoffnungsvollen Start in dein neues Abenteuer in unbekannte Welten nichts mehr im Wege.

Die motivorientierte Ausdehnung des persönlichen Komfortzonenbereiches ist mit einem dreifachen Nutzen verbunden:

- Klarheit: Was sind die Beweggründe für die Erweiterung deiner Komfortzone und wie reagieren deine Lebensmotive darauf?
- Elan: Welche Motive in deinem Leben dienen dir zur Unterstützung und vermitteln Freude und positive Assoziationen, um deinen persönlichen Wohlfühlzonenbereich zumindest ab und an zu verlassen?
- Vertrauen in dich selbst: Welche Gefühle löst ein erster erledigter Schritt in dir aus? Von welchen Erfolgsgeschichten aus deiner Vergangenheit kannst du bereits berichten? Durch welche Maßnahmen kannst du dich mit aller Konsequenz auf das wirklich Wichtige im Leben konzentrieren und von der Gier nach Lob und emotionaler Ruhe abwenden?

6.4 Was das Überwinden der eigenen Grenzen bringt

Nun hast du schon sehr viel über die Komfortzone gehört. Es ist jetzt die Zeit dafür, sich aus der Komfortzone hinauszubewegen und die positiven Seiten am anderen Ende entdecken zu lernen. Die ersten Schritte aus der eigenen Komfortzone fallen oft noch sehr schwer. Sie sind mit Ängsten

vor dem Neuen und mit Ungewissheit verbunden. Setz dir daher zu Beginn nicht zu große, unerreichbare Ziele, sondern beginn die Reise außerhalb der Komfortzone mit kleinen Ausflügen. Schnell wirst du merken, dass das Positive dabei überwiegt und dein Leben durch die neuen Erlebnisse einen frischen Schwung bekommt.
Lern die positiven Seiten am Ende deiner Komfortzone schätzen! Du kannst nur davon profitieren.

Erweitere deinen Horizont
Durch das Überschreiten deiner Komfortzone kannst du laufend Neues entdecken. Die neuen Erfahrungen und Erlebnisse erweitern deinen geistigen Horizont. Du wirst reicher an Erfahrungen, Gefühlen und Werten und deine Intuition wird dadurch geprägt. Diese neuen Erfahrungen kann dir keiner mehr nehmen, sie sind für die Ewigkeit in dir gespeichert. Du hast plötzlich viel mehr zu erzählen und zu berichten und kannst dich in Unterhaltungen in Themen einbringen, die du zuvor aus Unwissenheit gemieden hast. „Wer eine Reise wagt, hat viel zu erzählen", das trifft auch beim Verlassen der Komfortzone zu.

Lern dich neu kennen
Die Konfrontation mit neuen, ungewohnten Situationen entlockt bis dahin versteckte Talente und Fähigkeiten. Diese hattest du schon immer, Du warst dir darüber nur nicht bewusst. Sie waren bis jetzt in deinem Inneren verborgen, hatten allerdings keinen Grund, in Erscheinung zu treten. Jetzt kommen sie zum Vorschein. Du wirst überrascht sein, welches unerkannte Potenzial in dir schlummert und lernst dich selbst neu entdecken. Vielleicht fällt dir das Reden vor einer größeren Menschengruppe eigentlich doch nicht so schwer und der wöchentliche Yoga-Kurs, den du immer wieder vor dir hergeschoben hast, bereitet dir letztendlich viel Freude.

Erweitre dein Know-how
Das bewusste Auseinandersetzen mit den neuen Situationen und deine neue Selbsterkenntnis helfen dir auch in Zukunft, dein Wissen gezielt

und optimal zu nutzen. Du bist dir nun deiner neuen Fähigkeiten bewusst, hast deinen persönlichen Wissenspool erweitert und kannst Erfahrungen und Fähigkeiten auch zukünftig wirkungsvoll zu deinem Vorteil einsetzen. Ähnliche neue Situationen sind nicht mehr mit großen Überraschungen verbunden. Durch deine Erfahrungen weißt du nun gut damit umzugehen und stehst nicht mehr vor einer Mauer der Ungewissheit.

Gib deinem Leben einen Kick
Schnell wirst du merken, dass die neuen Wege dein gesamtes Leben bereichern. Die neue Abwechslung und das bewusste Entfliehen aus dem Alltagstrott sorgen für neue Energieschübe, mehr Elan und Zufriedenheit in deinem Leben. Du lernst aus der Gefangenschaft der Komfortzone zu entfliehen und die ungeahnten Vorzüge des Neuen zu lieben.

Lass dich feiern
Auch wenn der Weg zum Ziel nicht immer leicht ist und dir manchmal Steine in den Weg gelegt werden, endlich am Ziel angekommen, lässt dich das alle Mühen vergessen. Das einzigartige Gefühl des persönlichen Erfolgs kann dir keiner wegnehmen. Versuch deine erreichten Ziele außerhalb der Komfortzone mit einem Ritual bewusst zu feiern. Mit Sicherheit werden sie dich prägen und sehr lange in Erinnerung bleiben. Versetz dich in schlechten Zeiten in diese Erfolgssituationen zurück und nutz sie als Motivation bei neuen Wegen.

Stärke, Selbstsicherheit und Selbstbewusstsein
Die neuen Erlebnisse stärken deine ganze Persönlichkeit. Von innen strahlst du eine neue Energie und Stärke aus. Das bleibt auch deiner Umwelt nicht verborgen. Durch neues Selbstbewusstsein und gestärkte Selbstsicherheit nimmt dein Gegenüber dich völlig neu wahr. Du wirst mutiger, immer wieder neue Schritte aus der Komfortzone zu wagen. Deine am Anfang gesetzten kleinen Schritte werden immer größer und mit jeder neuen Grenzüberschreitung wachsen deine Herausforderungen.

Trägheit ist fehl am Platz
Das Verlassen der Komfortzone soll kein einmaliges Erlebnis bleiben, sondern immer wieder aufs Neue erfolgen. Ruh dich nicht auf den einmal erreichten Lorbeeren aus und werde nicht träge. Zieh immer wieder bewusst in den Kampf gegen deine Ängste und lern dadurch auch die eigenen persönlichen Grenzen kennen. Durch das laufende Überschreiten der Komfortzone werden neue Erlebnisse zu einem festen Bestandteil in deinem Leben. Du kannst mit ihnen umgehen und hast keine Ängste mehr vor ihnen. Du fühlst dich mit ihnen wohl und deine persönliche Wohlfühlzone ist über sich hinausgewachsen. Dein Komfortzonenbereich ist größer geworden und die Grenzen wurden neu gesetzt. Es liegt nur an dir, wie sich deine Komfortzone in Zukunft entwickelt. Soll sie ein Zwergstaat wie San Marino bleiben oder ein großer Kontinent wie Europa?

Jeder Mensch liebt es, sich in seiner Komfortzone aufzuhalten und genießt die Geborgenheit in ihr. Doch auf Dauer macht das nicht glücklich. Wie eine blühende Blume ohne Wasser verwelkst du jeden Tag ein wenig mehr. Das Überschreiten der Komfortzone ist der Dünger des Lebens und lässt dich als Person wachsen. Pack deinen Koffer und zieh wieder los! Mach dich auf den Weg, raus aus deiner Komfortzone!

6.5 Was das Ausharren in der Komfortzone kostet

Mit Sicherheit kennst du Menschen, die zu vielen Themen ein gefestigtes Meinungsbild haben, sodass eine vernünftige Diskussion fast unmöglich erscheint. Diese Personen glauben zu wissen, wie das Leben arbeitet. Sie gehen in ihrer Kritik über Leichen und haben feste, vorgefertigte Erwartungen vom Verhalten anderer. Nur eines, ihre Meinung, ist ihnen wichtig. Sie haben das Gefühl, stets im Recht zu sein und wollen dieses Verhalten beibehalten und bewahren. Jede Pause des Diskussionspartners dient nur dem Zweck, die eigenen Standpunkte zu festigen. Solche Menschen sind schlechte Zuhörer, da sie aus tiefster Überzeugung heraus die persönlichen Erzählungen immer und immer wieder wiederholen. Sie sind hoffnungslose Gefangene in ihrer eigenen Komfortzone und unternehmen alles für den persönlichen Schutz und zur Verteidigung.

Wie kann man erkennen, dass man sich zu lange in der Komfortzone aufhält?

Am Anfang tauchen Gefühle auf, welche dir mit Sicherheit nicht unbekannt sind wie Langeweile und Gewohnheit. Mit der Zeit führen diese Gefühle zu Frustration und Verbitterung. In dieser Phase wird das Aufnehmen von äußeren Antrieben immer weniger und das Auseinandersetzen mit neuen Dingen wird boykottiert. Neues wird vehement ausgesperrt und wir verriegeln uns davor. Wir werden immer engstirniger, beharren auf unseren Positionen, behaupten unsere Meinungen und die persönliche Sturheit nimmt zu. Unser Handeln, Denken und Fühlen entwickelt sich nicht mehr weiter und wir wollen hartnäckig unsere Standpunkte durchsetzen. Wir glauben, als Einzige auf der Welt alles richtig und falsch oder alles gut und schlecht zu machen und ärgern uns über die unterschiedlichen Sichtweisen anderer Menschen. Die anderen Menschen fühlen sich von dieser Situation meist überfahren und sehen sich als Opfer. Sie leiden merklich, werden antriebslos, jammern und klagen über die Ungerechtigkeit. Wenn du dich zu lange in deiner persönlichen Wohlfühlecke aufhältst, wird es mit der Zeit mehr und mehr ungemütlich und du fühlst dich in deinem Handeln eingeschränkt:

- Dein Horizont wird immer schmaler.
- Deine Sinneseindrücke zur Realität und die Wahrnehmung verändern sich.
- Du kämpfst gegen Neues an und die Kreativität leidet darunter.
- Du hältst deine Vorurteile für die einzige Realität.
- Dein Selbstvertrauen und persönliches Wertegefühl sinken.
- Du leidest an Minderwertigkeitsgefühlen.

- Dein Energielevel und deine Motivation befinden sich auf dem absteigenden Ast und du möchtest nichts Neues starten.
- Du wirst nach und nach reaktiv, gehst in Verteidigungshaltung oder siehst dich in der Opferrolle. Schließlich ist zu langes Festsitzen in der Komfortzone mit einem Verlust der Lebensdynamik verbunden. Es ist ein klares Nein an die Freuden des Lebens und zur persönlichen Weiterentwicklung.

Warum bevorzugen wir das Verharren in der Komfortzone, obwohl es nicht nur Vorteile mit sich bringt?

In unserer Kindheit wurden wir für so manches Verhalten wie Trödeln bei Tisch, Schaukeln mit dem Stuhl oder ausgelassenes Toben durch die Wohnung von unseren Eltern gemaßregelt. Durch das Setzen von Grenzen lernten wir schnell, gewisse Handlungen bleiben zu lassen. Durch Regeln und Strafen haben wir rasch gelernt, nach den Wünschen unserer Eltern zu handeln und wir hatten Angst davor, alles das zu tun, worauf wir eigentlich Lust gehabt hätten.

Ein Beispiel: Frau B. ist bereits jahrelang unglücklich verheiratet. Schon mehrmals hat sie sich mit dem Gedanken beschäftigt, ihren Mann zu verlassen. Immer wieder, wenn sie einen festen Entschluss dafür gefasst hat, wird sie von ihrem Ehemann mit kleinen Geschenken bedacht und er ist immer besonders zuvorkommend zu ihr. Durch dieses Verhalten macht Frau B. immer wieder einen Rückzieher von ihrem Vorhaben, obwohl sie schon lange vom Wunsch nach einem eigenen, unabhängigen Leben getrieben wird. Es sind die vielen Ängste vor dem Ungewissen, die Frau B. daran hindern, ihr Vorhaben in die Realität umzusetzen.

Wenn du mit etwas Neuem starten möchtest, fühlt sich die Komfortzone zunächst stark bedrängt an. Dabei kommen alte Ängste zum Vorschein wie die Angst vor einer Blamage, die Angst vor Fehlern, die Angst vor dem Alleinsein und dem Versagen und letztendlich als Verlierer hervorzugehen. Mit diesen unangenehmen Situationen möchte sich niemand gern auseinandersetzen. Diese Ängste hindern dich daran, neues Terrain zu entdecken und dich aus der Sicherheit der Komfortzone hinauszubewegen. Auch innerhalb der Komfortzone ist nicht alles eitle Wonne, doch wir wissen hier genau, worauf wir uns einlassen.

Die Angst vor dem Ungewissen oder Neugier auf das Neue?

Bevor du mit etwas Neuem startest, wirst du die Vor- und Nachteile des Alten und Neuen mit Sicherheit genau abwägen, um zu entscheiden, ob du mit dem Neuen wirklich starten möchtest oder doch alles beim Alten belassen willst. Du spürst eine Motivation oder auch eine Unsicherheit in dir aufkommen, bist aufgeregt und willst unbedingt etwas unternehmen.

Eine junge Mutter hat sich fest vorgenommen, am Elternabend ihre Meinung kundzutun. Die Situation, vor vielen fremden Leuten zu sprechen, ist neu für sie, sie ist aufgeregt, ihre Hände beginnen zu schwitzen und ihr Körper befindet sich in einer Stresssituation. Diese natürlichen Symptome könnte sie als Angst vor einer Blamage interpretieren. In diesem Fall würde sie es wahrscheinlich bevorzugen, ihre Meinung für sich zu behalten. Andererseits könnte sie ihre Reaktion auch als Neugier sehen. In dieser Situation wird sie mit großer Wahrscheinlichkeit ihre Meinung an die Elterngruppe weitertragen.

Dieses Beispiel zeigt, dass ein und dieselben Reaktionen des Körpers von Personen unterschiedlich aufgenommen werden können. Einmal als Angst vor dem Ungewissen und einmal als Neugier auf das Neue. Die Entscheidung für das Neue ist ein entscheidender Schritt für die persönliche Entwicklung des Menschen. Immer, wenn du davor stehst, etwas Neues durchzuführen, wirst du mit Stresssymptomen konfrontiert. Dein Körper ist angespannter und wachsamer als sonst. Du bereitest dich bewusst auf das Neue vor und stellst alles Unwichtige in den Hintergrund. Um nicht in der mentalen Spirale gefangen zu sein, ist es ratsam, sich mit den persönlichen Ressourcen des Körpers auseinanderzusetzen und Gefühle bewusst aufzunehmen und zu interpretieren. Nur die Gesamtheit des Erlebens ermöglicht es, sich leichter zu entscheiden und eine Entscheidung zu treffen, ob du lieber in der Komfortzone bleiben willst oder bereit für das Überschreiten der Grenzen bist.

Wenn du dich bewusst für das Verlassen der Komfortzone entschieden hast, dann gehst du zwar ein Risiko ein, erhältst im Gegenzug aber die Chance, dich persönlich weiterzuentwickeln. Selbst wenn du das Neue in deinem Kopf schon zahlreiche Male durchgespielt hast, weißt du nicht mit absoluter Sicherheit, was dich im Neuland erwartet. Doch du kannst versuchen, das Risiko in ein kalkulierbares Risiko zu wandeln und damit deine Chance auf ein gutes Gelingen erhöhen. Dabei ist es wichtig, in kleinen Schritten die Komfortzone zu verlassen und nicht zu viel auf einmal zu wollen. Setz erst nach dem Erreichen des ersten Schrittes die nächsten. Dieser erste Schritt kann vieles sein. Sag in einer Diskussion einen Satz mehr als sonst oder wenn du dazu neigst, viel zu sprechen, halt dich bewusst zurück und sage einen Satz weniger. Ein vernünftiger nächster Schritt wäre bewusstes Zuhören und das Anerkennen von fremden Meinungen. Vergiss dein Pokerface und kommunizier deine Zufriedenheit mit einem Lächeln an deine Umwelt. Überleg dir, welcher erste Schritt für dich in deinem Alltag als geeignet erscheint und setz diesen innerhalb von einem Monat um. Schnell wirst du merken, dass es dir Freude bereitet, Ziele zu erreichen und Lernaufgaben werden für dich zu einem reizvollen Spiel.

Ein Coachingteilnehmer bezog seine Mitarbeiter aktiver in Gespräche ein und war von den daraus gelernten neuen Erkenntnissen positiv berührt. Er veränderte sein Verhalten, stellte mehr Fragen und hörte seinen Mitarbeitern aktiv zu. Dadurch bekam er wesentlich mehr Informationen als zuvor und konnte mehr Verständnis für sein Team aufbringen. Durch dieses Verhalten erreichte er eine neue Vertrauensbasis und verbesserte das gesamte Klima in der Abteilung.

Beim bewussten Verlassen deiner Komfortzone mit dem Ziel, Neues zu erreichen, stehst du in vielen Bereichen als Gewinner da. Unter diesen Gesichtspunkten betrachtet ist das schrittweise Betreten des Neulandes ein lohnendes Vorhaben. Aber was sind die Konsequenzen, wenn dein neuer Weg nicht von Erfolg gekrönt ist und du auf dem Bauch landest? Selbst in diesem Fall steigt das Vertrauen zu dir selbst. Denn nur du hast die Entscheidung für den Schritt über die Komfortzonengrenze hinaus getroffen. Du hast innere Blockaden und Ängste überwunden und dich für dein Vorhaben eingesetzt. Schon allein diese Tatsache hat eine große Anerkennung verdient. Als Kinder haben wir Bestätigung und Lob von außen gesucht, heute können wir uns diese Anerkennung selbst geben. Natürlich freust du dich auch als Erwachsener, wenn du von außen gelobt wirst, doch das Wichtigste ist, stets stolz auf sich selbst und die eigenen Leistungen sein zu können!

KAPITEL 7: NLP FORMATE

In diesem Kapitel findest du alle relevanten NLP-Formate und Techniken der NLP-Basic und NLP-Practitioner-Ausbildung[11] bei ZHI.at. Grundsätzlich kannst du jedoch auf folgende Schritte flexibel zurückgreifen, die bei jedem beliebigen NLP-Modell wichtig und anwendbar sind[xx]:

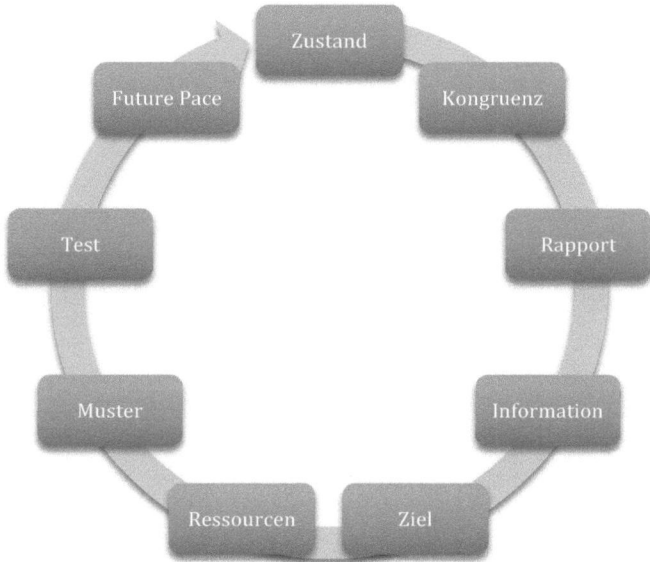

Quelle: eigene Grafik

1. **Zustand definieren**

Achte während des gesamten Prozesses auf dich selbst und darauf, dass du in einem positiven, *ressourcenvollen Zustand* bist. Bist du in der Lage, die gewünschte Veränderung durchzuführen und *kongruent* mit dem Prozess? Nutze ggf. einen positiven *Ressourcenanker*.

---

[11] Die Kapitel 7.1-7.5, 7.7, 7.8, 7.13 und 7.14 sind geistiges Eigentum von **Mag. Michaela Forstik**.

2. Rapport
Hast du dich an dein Gegenüber angeglichen und *Rapport* hergestellt? Achten zudem darauf, bei dir zu bleiben (*zweite Position*), um eine *Übertragung* oder Projektion zu verhindern.

3. Informationen sammeln
Besitzt du alle nötigen Informationen, um mit der Veränderungsarbeit zu beginnen? Falls du mit einer anderen Person zusammenarbeitest, prüfe, wie diese, eigene Erfahrungen strukturiert. Hierzu dienen dir das *Meta-Modell*, *Kalibrieren*, das Analysieren von *VAKOG-Präferenzen*, *Metaprogrammen* und die *Wahrnehmungspositionen*.

4. Ziel definieren
Ermittle den gewünschten *Zielzustand* auf Basis der *Wohlgeformtheitskriterien* und nutze gegebenenfalls Coaching-Fragen aus dem *Meta-Modell*, um das Ziel konkreter herauszuarbeiten. Achte darauf, den *Ökologie-Check* durchzuführen, bevor du fortfährst.

5. Ressourcen finden
Anker den Zielzustand mittels einer Visualisierungsübung in leichter Trance und erforsche weitere Ressourcen. Dienliche Hinweise finden sich auf allen Ebenen: in der *Sprache*, der *Physiologie* und den *inneren Repräsentationen*. Weitere Ressourcen kannst du mit den NLP-Formaten wie *Kalibrieren*, *Time-Line*, *Ankern* und *Reframing* erschließen.

6. Ressourcen nutzen
Übertrage nun die neu gefundenen Ressourcen in die Gegenwart (status quo). Nutze hierfür die gängigen NLP-Formate, eventuell ergänzt durch eine Integrationstrance, damit sowohl Bewusstsein als auch Unterbewusstsein angesprochen werden.

7. Testen

Prüfe gemäß dem *T.O.T.E.-Modell (siehe Seite 54)* auf Erfolg und achte besonders darauf, dass dein Gegenüber nicht nur inhaltlich zu neuen Erkenntnissen gefunden hat. Echte Veränderung zeigt sich auch unbewusst, etwa durch Veränderungen in *Physiologie, Sprachgebrauch, Denkmustern* und *inneren Repräsentation*.

8. Future Pace

Integriere den gewünschten *Zielzustand* nun nochmals mittels *future pace* in die nahe Zukunft und richte den Fokus auf die *Kriterien*, an denen die gewünschte Veränderung erkennbar sein wird. Wichtig ist hier, eine *Assoziation* mit dem Zielzustand, eventuell ergänzt durch eine *Metapher* oder *Gesprächshypnose* mittels *Milton-Modell*.

7.1 Ankern

Ein Anker, in einem Satz beschrieben, ist eine Reiz, eine Reaktionsverknüpfung. Auf einen bestimmten Reiz, der in jeder Sinnesmodalität des VAKOG liegen kann, folgt eine gewisse Reaktion, also ein Zustand oder Gefühl. Meist passiert diese Reiz-Reaktionsverknüpfung, wenn sie richtig gesetzt wurde, sehr schnell und unbewusst.

In der Psychologie wird oft das Experiment des russischen Forschers Pawlow und dem Pawlowschen Hund zur Erklärung des Ankerns beschrieben. Hierbei wurde Hunden, unmittelbar bevor sie ihr Futter erhielten, ein Ton vorgespielt. Nach einigen wenigen Wiederholungen löste der Ton alleine (der Reiz) bei den Hunden die unbewusste Reaktion Speichelfluss (in Vorfreude auf das Futter) hervor.

Anwendung:
Im Alltag gibt es viele Anker die uns gesetzt werden und wurden. Ziel des NLP-Formats ankern ist es, gezielt einen Reiz mit einer Reaktion zu verknüpfen. Ein Anker kann in jeder Sinnesmodalität des VAKOG gesetzt werden. Einige praktische Beispiele für Anker aus dem Alltag:

- visueller Anker: Ein Bild oder Werbeplakat (Burger King) führt zu der Reaktion: Ich habe Hunger!
- auditiver Anker: Ein Lied lässt die Erinnerung und das damit verbundene Gefühl des ersten Kusses aufsteigen.
- kinästhetischer Anker: Durch das Drücken meiner Faust bin ich im Zustand erhöhter Motivation.
- olfaktorischer Anker: Der Geruch von Keksen erinnert mich an Weihnachtstimmung.
- gustatorischer Anker: Der Geschmack von Traubenzucker gibt mir Power!

Mit der Ankertechnik kannst du dich oder andere, gezielt in einen gewünschten, ressourcenreichen Zustand bringen. Damit ein Anker auch wirklich sauber gesetzt und gut abrufbar ist, sind folgende Kriterien wichtig, die hier anhand der TIGER-Formel beschrieben werden:

- **Timing**: Der Anker sollte kurz bevor das Gefühl bzw. der Zustand den Höhepunkt erreicht hat, geankert werden. Sonst wird das Abfallen des Gefühls geankert.
- **Intensität**: Der gewünschte Zustand sollte so realistisch wie möglich in allen Sinnesmodalitäten des VAKOG beschrieben werden, um möglichst intensiv und lebendig zu sein.
- **Genauigkeit**: Der gesetzte Anker sollte eins zu eins wieder abrufbar sein. Er muss also replizierbar sein.
- **Einzigartigkeit**: Der Anker sollte so gewählt sein, dass er nicht durch andere Eindrücke überlagert wird. Zum Beispiel sollte ein kinästhetischer Anker nicht unbedingt auf der Innenfläche der rechten Hand liegen, da dort auch das obligatorische Händegeben zur Begrüßung passiert.
- **Reinheit der Emotion**: Das gewünschte Gefühl oder der Zustand sollte klar abgegrenzt und definiert sein, damit es nicht von anderen Gefühlen überlagert wird.

Die Prozessschritte:

1) Bei Bedarf Augen schließen. Versuche die Situation, in der der zu ankernde Zustand da ist, so realistisch wie möglich in den Sinnesmodalitäten des VAKOG entstehen zu lassen. So kann zum Beispiel ein Spaziergang auf dem absoluten Lieblingsstrand zu einer tiefen Entspannung führen. Ein gewählter Anker im VAKOG soll also auf Knopfdruck in tiefe Entspannung führen.

Die Situation so realistisch wie möglich zu machen bedeutet, wenn es sich zum Beispiel um ein Gefühl im Stehen oder in Bewegung handelt, die Situation so genau wie möglich nachzuahmen. Theoretisch kann aber auch eine Situation in der Phantasie entstehen und das damit verbundene Gefühl geankert werden.

2) Stärke die Situation weiter im VAKOG.

3) Ankere das gewünschte Gefühl bzw. den Zustand im gewünschten Sinneskanal kurz bevor er den Höhepunkt erreicht hat.

4) Separator

5) Nun wird der Anker getestet. Je nachdem in welchem Sinneskanal der Anker gesetzt wurde, wird er nun abgefeuert und die gewünschte Reaktion beobachtet. Beachte dabei die Mimik, Gestik, Atmung etc.

Anmerkung:
Eine spezielle Form des Ankers stellt der positive Ressourcenanker dar. Es handelt sich um einen positiven Zustand, der dabei hilft, von einem ressourcenleeren in einen ressourcenvollen Zustand zu gelangen. Er wird in unseren Ausbildungen gleich zu Beginn gesetzt. Denn keine Formatarbeit, die mit einem noch unerwünschten Gefühl beginnt, beginnt ohne positiven Ressourcenanker!

7.2 Selbstkalibrierender Ressourcenanker

Kalibrieren bedeutet, sich aufeinander abstimmen bzw. abgleichen. Ein sich selbst kalibrierender Ressourcenanker ist nicht konstant, sondern schwingt sich auf das Maß an Ressourcen ein, das gerade vom Anwender benötigt wird. Er ist gleichzeitig auch ein sich selbst verstärkender Ressourcenanker. Umso öfter er abgefeuert wird, desto stärker wird der Zustand, der zuvor geankert wurde.

Anwendung:
Ein sich verändernder Ressourcenanker ist wichtig, damit du selbst steuern kannst, wie viele Ressourcen du gerade brauchst. Manchmal willst du deinen positiven Ressourcenanker vielleicht nicht überstrapazieren und brauchst nur ein geringes Maß an positiver Emotion. In anderen Situationen willst du aber gezielt auf mehr Ressourcen zurückgreifen. Er dient nicht nur der Selbstbeobachtung, sondern ist auch zur Fremdbeobachtung nützlich. Wenn während der Formatarbeit beobachtet wird, dass der selbst kalibrierende Ressourcenanker immer mehr gebraucht und abgefeuert wird, kann das ein Zeichen dafür sein, dass in Kürze ein ressourcenleerer Zustand erreicht werden könnte. Hier ist die Dissoziation, also die Distanzierung vom Gefühl, sinnvoll, um weiter arbeiten zu können.

Praktische Beispiele:
Ein gut sichtbarer kinästhetischer, selbst kalibrierender Ressourcenanker könnte wie folgt aussehen, und spürbar sein: Der Anker wird dadurch abgefeuert, das die Hand zu einer Faust geformt wird. Umso öfter die Hand sich bewegt und die Faust kräftiger zu pumpen beginnt, umso mehr positive Ressourcen werden gegeben. Wenn zum Beispiel bei der Timeline-Arbeit, auf dem Weg zurück zu einem unangenehmen Ereignis vermehrt Ressourcen benötigt werden, können sie selbst durch den kalibrierenden Anker verstärkt werden. Auch dem Übungsleiter wird

somit klar, dass gerade viele Ressourcen benötigt werden, und er kann reagieren.

7.3 Moment of Excellence

Der Moment of Excellence ist ein starker Anker, also eine Reiz-Reaktionsverknüpfung, der es dir ermöglicht, in unterschiedlichen Situationen in einen sehr ressourcenvollen Zustand zu gelangen. Der MOE kann in jeder Sinnesmodalität des VAKOG geankert werden. Das bedeutet, er kann zum Beispiel durch einen visuellen Reiz (ein Bild), einen auditiven Reiz (ein Lied oder einen Ton), einen kinästhetischen Reiz (eine Berührung oder Bewegung), als auch über einen olfaktorischen oder gustatorischen Reiz (ein Geruch oder ein Geschmack) ausgelöst werden.

Das Besondere am MOE, im Vergleich zum positiven Ressourcenanker ist es, dass es sich wirklich um einen exzellenten, außergewöhnlichen Zustand handelt z. B. um einen High Performance State, der noch zusätzlich im VAKOG verstärkt wird, bevor er kurz vor dem Höhepunkt der Intensität geankert wird.

Anwendung:
Der MOE eignet sich, um
- von einem ressourcenleeren Zustand in einen ressourcenvollen Zustand zu kommen.
- einen exzellenten Zustand mit alle seinen Facetten abzurufen.

Praktische Beispiele:
- Das Setzen eines MOE beim erfolgreichen Präsentieren und der Erreichung der gewünschten Ziele z. B. ein extrem fokussierter Zustand, in dem alle Informationen optimal abgerufen werden können. Wann immer der „Präsentationsstate" gewünscht wird, kann der MOE abgefeuert und somit genutzt werden.

- Das Setzen eines MOE beim Erreichen des Ziels eines Marathons. Wann immer bei sportlicher Aktivität danach dieser spezielle Moment mit all seinen Auswirkungen gewünscht wird, kann der MOE abgefeuert werden.

Die Prozessschritte:
1) Nenne 3 Situationen, in denen du dich exzellent, überragend, ausgezeichnet gefühlt hast.

2) Wähle die Situation aus, die am stärksten für dich wirkt.

3) Beschreibe die Situation möglichst detailliert und lebendig im VAKOG (bei Bedarf Augen schließen).

4) Verstärke die Eindrücke noch mittels VAKOG (z. B. mache das Gefühl doppelt so stark, intensiviere die Farbe, die du gerade siehst, wenn du einen Geschmack hinzufügen könntest, welcher wäre das,….).

5) Kurz vor dem Höhepunkt der Emotion, wird der MOE in einem Sinneskanal des VAKOG geankert.

6) Separator: z. B. kognitive Frage stellen oder Standortwechsel

7) Future Pace: Denke an eine Situation, in der du deinen MOE brauchen wirst können, und feuere den gesetzten Anker ab. Beobachte was sich verändert!

7.4 Anker verketten (Swish)

Der Swish stellt eine Ankerverknüpfung dar, der Squash eine Ankerverschmelzung. Beide Formate dienen dazu, unerwünschte Gefühle oder Situationen erfolgreich zu verändern.

Die Prozessschritte:
1) Den positiven Ressourcenanker testen

Das bedeutet, ihn kurz abrufen und in einen ressourcenvollen, positiven Zustand kommen. Der positive Ressourcenanker ist deshalb wichtig, damit du, wenn du dich im nächsten Schritt einem zu verändernden „unangenehmen" Gefühl widmest, jederzeit selbst in einen ressourcenvollen Zustand zurückkommen kannst.

2) Denk an die Situation, die du verändern möchtest. Visualisier ein Bild, wie die Situation aussieht. Aktuell, wenn es noch nicht funktioniert, wie du es dir wünscht. Was tust du? Was siehst du? Lasse nun ein Bild dazu entstehen. -> Bild 1

5) Separator: z. B. kurz die Augen öffnen

3) Denk an die Situation wie sie ab jetzt sein soll. Visualisier ein Bild, wie die Situation aussieht, wenn es funktioniert, wie du es dir wünscht. Was tust du? Was siehst du? Lasse nun ein Bild dazu entstehen. -> Bild 2

5) Separator: z. B. kurz die Augen öffnen

6) Lass Bild 1 wieder entstehen. Nun beginnt Bild 2 links unten zu entstehen und wird mit einer Bewegung, die mit dem Laut „Swish" unterlegt wird, über Bild 1 gezogen, bis dieses nicht mehr sichtbar ist.

7) Separator: z. B. kurz die Augen öffnen

8) Schritt 6 wird nun mindestens 3-5 Mal mit dem auditiven Laut „Swish" und der Bewegung wiederholt. Dazwischen erfolgt immer wieder der Separator: Augen öffnen!

8) Future Pace: Denk an die Situation, die du verändern möchtest: was siehst du? Es sollte nur noch Bild 2 abrufbar und intensiv sein.

7.5 Anker verschmelzen (Squash)

Der Swish stellt eine Ankerverknüpfung dar, der Squash eine Ankerverschmelzung. Beide Formate dienen dazu, unerwünschte Gefühle oder Situationen erfolgreich zu verändern. Das besondere am Squash ist, dass die Veränderung eines Zustandes mit einer Bewegung und im Stehen erfolgt. Das eignet sich besonders gut bei bewegten Gefühlen, die verändert oder losgelassen werden wollen, wie Wut.

Die Prozessschritte:
1) Den positiven Ressourcenanker testen

Das bedeutet, ihn kurz abrufen und in einen ressourcenvollen, positiven Zustand kommen. Der positive Ressourcenanker ist deshalb wichtig, damit du, wenn du dich im nächsten Schritt einem zu verändernden „unangenehmen" Gefühl widmest, jederzeit selbst in einen ressourcenvollen Zustand zurückkommen kannst.

2) Beschreib das unerwünschte Gefühl, das du verändern möchtest. Wenn du eine Situation dazu hast, beschreibe sie im VAKOG.

3) Lokalisier das Gefühl: Wo im Körper sitzt das Gefühl?

4) Das Gefühl dissoziieren = aus dem Körper herausnehmen.

5) Das dissoziierte Gefühl im VAKOG beschreiben.

6) Nun wird das Symbol, die Farbe, oder was auch immer entstanden ist mit einer impulsiven Bewegung weggeschossen.

7) Ein neues, verändertes und positives Gefühl kommt, wie bei einem Bumerang wieder zurück zu dir.

8) Beschreib dieses Gefühl im VAKOG. (noch dissoziiert).

9) Das neue Gefühl wird assoziiert und in den Körper gegeben. Wenn möglich an dieselbe Stelle, von der das erste Gefühl kam.

10) Separator: kognitive Frage oder Standortwechsel

11) Future Pace: Denk an eine Situation, in der du bisher das Gefühl hattest, das du zu Beginn beschrieben hast. Was hat sich verändert?

7.6 Ankerketten (mehrstufig)

Ein „Kettenanker" oder eine „Ankerkette" bezeichnet die Aneinanderreihung von verschiedenen Ankern, welche unterschiedliche Zustände hintereinander erleben lassen. Ziel ist es, dass der erste Anker die ganze Kette auslöst. Etwa, indem auf einen Reiz wie Frust durch das Auslösen der Ankerkette sofort mit Motivation und Tatendrang reagiert werden kann. Dieser Prozess kann innerhalb weniger Sekunden ablaufen. Nicht immer lassen sich jedoch zwei sehr konträre Zustände direkt verknüpfen, weshalb wir mehrere „Zwischenstationen" nutzen, damit der Übergang leichter passieren kann.

Anwendung:
Kettenanker können ebenso wie Anker in jedem Repräsentationsmodell gesetzt werden, es kann auch eine Aneinanderreihung verschiedener Sinneskanäle stattfinden oder eine Kombination mehrerer Eindrücke für einen Anker. Der Klient reagiert also positiv auf einen Reiz, der für ihn eigentlich negativ ist. Dies wird durch das Auslösen des ersten Ankers erreicht, welcher die Zwischenschritte zwischen unerwünschtem und erwünschtem Zustand hervorruft und in Sekundenschnelle ablaufen lässt. Mehrere Schritte führen dich also zu einem Ziel, mit dem Vorteil, dass du diese Zwischenschritte nicht mehr wirklich durchleben musst (was normal viel länger dauert und oft bedeutet, in einem ressourcenleeren Zustand hängen zu bleiben), sondern es in Zukunft reicht, den Anker

auszulösen.

Praxisbiespiel:
Wann immer Herr X in eine Situation kommt, in der er sich durch zu viele To-Dos frustriert fühlt, ist er gar nicht mehr motiviert die Arbeiten konsequent zu erledigen und zögert sie oft wochenlang hinaus oder erledigt sie gar nicht. Nun ändert sich seine unterbewusste Strategie, d. h. konkret, dass Herr X ab jetzt in künftigen Situationen, in denen er früher frustriert von zu vielen To-Dos gewesen wäre, nun automatisch und quasi sofort in einen positiven, motivierten Zustand wechselt und die To-Dos gleich erledigt.

Die Prozessschritte:

1) Den positiven Ressourcenanker testen

Das bedeutet ihn kurz abrufen und in einen ressourcenvollen, positiven Zustand kommen. Der positive Ressourcenanker ist deshalb wichtig, damit du, wenn du dich im nächsten Schritt einem zu verändernden „unangenehmen" Gefühl widmest, jederzeit selbst in einen ressourcenvollen Zustand zurückkommen kannst.

2) Finde den unerwünschten Zustand wie zum Beispiel Stress, Angst, Lustlosigkeit, ...

3) Definier den Zielzustand: Wohin willst du jetzt? Was ist das Optimum in dem Augenblick des Zielzustands? Was soll anstelle des Gefühls sein?

4) Beschreib, welche einzelnen Schritte, also Gefühlszustände, du durchlaufen musst, um beim gewünschten Zustand anzugelangen. Zum Beispiele den Schritt von Frust zu Motivation, mittels der Zwischenschritte Wut und Langeweile.

5) Anker nun jedes dieser Gefühle, einschließlich dem Ausgangszustand kinästhetisch, am besten in einer Reihe direkt nebeneinander und trenne die einzelnen Zustände jeweils mit einem Separator. Für diese Übung bieten sich Oberschenkel und Unterarm besonders gut an.

6) Nutz den Anker des Ausgangszustandes und verbinde ihn mit dem nächstfolgenden, indem du zuerst den 1. Anker und sobald eine Reaktion zu beobachten ist, gleich darauf den 2. Anker auslöst. Wiederhol den Prozess öfters, indem du immer nur einmal den vorigen Anker und immer öfter (zwei, drei, vier Mal danach) den 2. Anker auslöst.

7) Separier nun den Zustand und teste die Ankerkette, indem du Anker 1 auslöst. Das gewünschte Ergebnis ist, dass durch auslösen von Anker 1 automatisch Zustand 2 entsteht.

8) Wiederhole nun die Schritte 6 und 7 für die nächstfolgenden Verkettungen. Dabei wird beispielsweise zuerst Frust mit Wut verknüpft, dann Wut mit Langeweile. Der Test läuft jedoch immer über den Ausgangszustand. Schließlich sollte nach Verkettung von Langeweile mit Motivation der finale Test dazu führen, dass durch Auslösen von Zustand 1 (Frust) automatisch jeder weitere Anker ausgelöst wird und der Zielzustand 4 (Motivation) eintritt und bestehen bleibt.

9) Separator: kognitive Frage oder Standortwechsel

10) Future Pace: Denke an eine Situation in der Zukunft, in der du bisher das Gefühl gehabt hattest, das du zu Beginn beschrieben hast und das den Ausgangszustand mit Anker 1 darstellt. Was hat sich verändert?

7.7 Gefühle drehen

Gefühle drehen ist eine Technik zum Gefühlsmanagement, die es ermöglicht verschiedene oft „unerwünschte" Gefühle wie Ärger, Frust, Langeweile, Wut, Angst etc. aus sicherer Distanz wahrzunehmen und sie augenblicklich zu verändern.

Das ist so wichtig, weil es nichts bringt, unerwünschte Gefühle einfach wegzudrücken oder zu verdrängen. Wahre Veränderung im Innen und im Außen passiert dann, wenn Gefühle wahrgenommen und aktiv verändert werden können.

Anwendung:
Unerwünschte Gefühle managen und augenblicklich zu etwas Neutralem bis Positivem verändern. Praktische Beispiele:

- In Situationen, die Stress bereiten, kann das Gefühl der Überforderung gedreht werden, sodass es neutral bis sogar angenehm wird.
- Wenn du dich in einer Situation befindest, die du gerade aktiv nicht ändern kannst z. B., weil du im Stau stehst, kann das eher unerwünschte Gefühl das entsteht gedreht werden, sodass sogar ein positives Gefühl wie Entspannung, Freude oder Zuversicht da sein kann.
- Anwendung bei der Krisenintervention
- Zur Veränderung von negativen Glaubenssätzen.

Die Prozessschritte:
1) Den positiven Ressourcenanker testen

Das bedeutet ihn kurz abrufen und in einen ressourcenvollen, positiven Zustand kommen. Der positive Ressourcenanker ist deshalb wichtig, damit du, wenn du dich im nächsten Schritt einem zu verändernden „unangenehmen" Gefühl widmest, jederzeit selbst in einen ressourcenvollen Zustand zurückkommen kannst.

2) Separator z. B. kognitive Frage stellen und den rationalen Verstand aktivieren.

3) Das „unerwünschte" Gefühl, das es zu verändern gilt wahrnehmen. Eine Situation dazu finden und im VAKOG beschreiben, die Stelle im Körper identifizieren, wo das Gefühl her kommt.

4) Das Gefühl dissoziieren (etwa kinästhetisch herausnehmen). Das bedeutet, das Gefühl mit einer Bewegung aus dem Körper herausnehmen um Distanz zu gewinnen.

5) Das Gefühl so lebendig wie möglich im VAKOG beschreiben, um die Emotion ganzheitlich und lebendig zu erleben. Passende Fragen:
- Welche Farbe, welches Symbol hat das Gefühl?
- Welche Konsistenz?
- Wie schwer oder leicht ist es?
- Ist es in Bewegung?
- Hat es einen Geruch oder einen Geschmack?

6) Das Gefühl um 180 Grad drehen. „Nun dreh deine Hand und verändere das Gefühl in in das Gegenteil/ in etwas Schönes!"

7) Das nun veränderte Gefühl im VAKOG beschreiben.

Welche Farbe, welches Symbol hat das Gefühl? Welche Konsistenz? Wie schwer oder leicht ist es? Ist es in Bewegung? Hat es einen Geruch oder einen Geschmack?

8) Das veränderte Gefühl wieder in deinen Körper assoziieren, wenn möglich dorthin, wo du es her genommen hast

9) Separator z. B. kognitive Frage stellen und den rationalen Verstand aktivieren.

10) Future Pace: „Denke an eine ähnliche Situation, wo du das neue Gefühl brauchen wirst können, und beobachte, was sich bereits verändert hat."

7.8 Teilearbeit & Reframing

Teilearbeit ist ein NLP Format, bei dem zwei innere Teile miteinander kommunizieren und einen „Deal" zur Verhaltens bzw. Gefühlsveränderung miteinander eingehen. Dabei wird die positive Absicht eines Gefühls oder einer Verhaltensweise ermittelt und durch neue konstruktive Verhaltensweisen ersetzt. Im Prozess entstehen neue Glaubenssätze bzw. müssen eventuell alte umgeformt werden (reframing).

Anwendung:
Zur Veränderung von unerwünschten wiederkehrenden Verhaltensweisen oder Gefühlen.

Praktisches Beispiel: Raucherentwöhnung
Jemand möchte mit dem Rauchen aufhören. Ein Teil ihn ihm (wie ein kleiner Teufel auf der linken Schulter) lässt ihn immer wieder zur Zigarette greifen. Doch der kleine Teufel hat die positive Absicht Entspannung und regelmäßige Pause in den Alltag zu bringen. Daraufhin wird der konstruktive Problemlöser befragt (der kleine Engel auf der rechten Schulter), der die Aufgabe hat, Entspannung auf neue Art und Weise in das Leben dieses Menschen zu bringen. Eine neue konstruktive Verhaltensweise zur Entspannung wird gefunden. Ab diesem Zeitpunkt arbeiten Teufel und Engel zusammen, und sind dafür zuständig, auf konstruktive Art und Weise Entspannung ins Leben zu bringen. Das Rauchen wurde erfolgreich beendet, und durch eine neue

Verhaltensweise die viel Entspannung und Pausen bringt, ersetzt.

Die Prozessschritte:
1) Den positiven Ressourcenanker testen.

Das bedeutet ihn kurz abrufen und in einen ressourcenvollen (positiven) Zustand kommen. Der positive Ressourcenanker ist deshalb wichtig, damit du, wenn du dich im nächsten Schritt einem zu verändernden „unangenehmen" Gefühl widmest, jederzeit selbst in einen ressourcenvollen Zustand zurückkommen kannst.

2) Separator z. B. kognitive Frage stellen und den rationalen Verstand aktivieren.

3) Kurz fragen, was die Situation bzw. das Gefühl ist, das verändert werden möchte.
Eine konkrete Situation dazu finden und im VAKOG beschreiben.

4) Die Stelle im Körper identifizieren, wo der Teil sitzt, der das Gefühl, das Verhalten immer wieder auslöst.

4) Den ersten Teil dissoziieren (etwa aus dem Körper herausnehmen).

5) Den ersten Teil so lebendig wie möglich im VAKOG beschreiben, um die Emotion ganzheitlich und lebendig zu erleben.

6) Die positive Absicht des Teils erfragen. „Was will dir dieser Teil Gutes tun?"

7) Einen zweiten Teil, z. B. deinen „konstruktiven Problemlöser", im Körper lokalisieren und wieder dissoziieren = aus dem Körper herausnehmen.

8) Den zweiten Teil wieder im VAKOG beschrieben und fragen, wie der zweite Teil die positive Absicht des ersten Teils erfüllen kann? Auf neue und konstruktive Art und Weise. Ziel ist es mindestens eine neue positive Verhaltensmöglichkeit finden, um die positive Absicht des ersten Teils zu erfüllen.

9) Die beiden Teile miteinander verhandeln lassen, wenn es geht – sie zusammen geben – und ein neues Gefühl entstehen lassen.

10) Das neue Gefühl an eine neue Stelle assoziieren = in den Köper hineingeben.

11) Separator z. B. kognitive Frage stellen und den rationalen Verstand aktivieren.

12) Future Pace: „Denke an eine ähnliche Situation, wo du das neue Gefühl brauchen wirst können, und beobachte, was sich bereits verändert hat."

7.9 Omnidirektionales Chunking

Im NLP bezieht sich „Chuning up" auf das Bewegen zu allgemeineren oder abstrakten Informationen. Im Gegensatz bedeutet "Chunking down" sich zu spezifischen oder detaillierten Informationen zu bewegen. „Chuking sideways" steht für die Gleichordnung er Inromation auf derselben Ebene.

Verwenden Sie eine oder mehrere der folgenden Fragen, um „Chunking up" zu nutzen:

- *Wovon ist das ein Bestandteil?*
- *Was ist die Absicht?*
- *Für welchen Zweck?*

Um das Konzept zu illustrieren, beginnen wir mit einem Bibliotheksgebäude. Beispiele für das „Chunking up" eines Bibliotheksgebäudes wären:

- Gebäude (ein Bibliotheksgebäude ist ein Beispiel für ein Gebäude)
- Ein Bezirk (das Bibliotheksgebäude ist Teil eines Stadtbezirkes)
- Stellt ein Mittel zur Verfügung, damit Leute Forschung und Recherche durchführen können.

Wenn wir dem Weg eines Bezirkes folgen können wir zu einer Stadt, dann zu einem Bundesland, dann einem Land, dann einem Kontinent, dann dem Planeten Erde kommen usw.

Verwenden Sie zum „Chunking down" eine oder mehrere der folgenden Fragen:

- Was ist ein konkretes Beispiel dafür?
- Was ist ein Teil davon?
- Was / wen / wo genau?

Beispiele für "Chunking down" anhand des Bibliotheksgebäudes sind:

- Ein Bibliotheksgebäude in Wien
- Ein Bibliotheksgebäude, das in den 50er Jahren errichtet wurde
- Der dritte Stock des Bibliotheksgebäudes
- Ein bestimmtes Fenster im Bibliotheksgebäude
- Eine Reihe von Büchern im Bibliotheksgebäude

Wenn wir dem Pfad einer Reihe von Büchern folgen, können wir weiter nach NLP-Büchern, dann zu Büchern von Dr. Richard Bandler, dann zu einem bestimmten Buch von ihm, dann zu einem bestimmten Kapitel dieses Buchens kommen usw.

Verwenden Sie eine oder mehrere der folgenden Fragen, um „Chunking sideways" zu nutzen:

- *Was ist dem ähnlich?*
- *Welche Metaphern dafür kommen dir in den Sinn?*

Beispiele für das „Chunking sideways" eines Bibliotheksgebäudes wären:

- Eine Schule (ein Bibliotheksgebäude ist ein Ort an dem Wissen vermittelt wird)
- Ein Grab für mein Steuergeld (das Bibliotheksgebäude ist eine staatliche Einrichtung, die vom Steuerzahler erhalten wird)

Wenn wir dem Weg der Schule als Ort zur Vermittlung von Wissen folgen können wir zu einer Universität, einer Fachhochschule, einem Sprachinstitut kommen usw.

Dieses einfache Konzept hat viele vielfältige und nützliche Anwendungen und dient vor allem der Suche nach Informationen im Rahmen von Meta-Modell Fragen.

7.10 Core Intention

Die Kernintention führt zu dem Erlebnis des "inneren Kernzustandes". Hierbei springt man in kurzer Abfolge durch mehrere positive Emotionszustände, bis ein finaler Seinszustand erreicht ist, dem nichts mehr hinzugefügt werden muss, um für sich alleine ideal zu sein. Das ist der Kernzustand.

Anwendung:
Die Core Intention dient dazu, einen besonders mächtigen positiven Ressourcenanker zu etablieren und ermöglicht als Nebeneffekt sich über noch unbewusste Vermeidungsstrategien bewusst zu werden.

Die Prozessschritte:
1) Den positiven Ressourcenanker testen (auch wenn hier nicht zu erwarten wäre, dass ein negatives Gefühl auftritt).

Das bedeutet ihn kurz abrufen und in einen ressourcenvollen (positiven) Zustand kommen. Der positive Ressourcenanker ist deshalb wichtig, damit du, wenn du dich im nächsten Schritt einem zu verändernden „unangenehmen" Gefühl widmest, jederzeit selbst in einen ressourcenvollen Zustand zurückkommen kannst. Bestenfalls handelt es sich bei diesem Format um einen selbst kalibrierenden Ressourcenanker.

2) Erinnere dich an eine frühere Erfahrung, in der es dir richtig gut ging und du dich sehr wohl gefühlt hast (mittels VAKOG verstärken). Stell dir nun vor, wie um dich herum eine „Blase" entsteht. Du füllst sie nun mit einer Farbe für diese Emotion, in der du gerade bist und das macht sie noch stärker (auf Wunsch ankern).

3) Frage dich nun: „Was fehlt dir in dieser Situation noch, um dich noch besser zu fühlen?" Wenn noch etwas fehlt weiter bei 4, wenn nicht dann weiter bei 5)

4) Stell dir nun vor, wie vor dir eine weitere Blase entsteht. In dieser ist eine andere Farbe und sobald du gleich in diese Blase hinein trittst wirst du die Emotion sehr stark spüren. Sie wird sich mit deiner bisherigen Emotion kombinieren. Du kannst sie beide behalten und das macht sie noch intensiver. Tritt nun hinein! (Genießen lassen, auf Wunsch ankern und dann zurück zu 3)

5) Du brauchst nun nichts mehr, was dir noch fehlt. Du hast alles, um absolut glücklich zu sein. Genieße diesen Zustand (auf Wunsch ankern).

6) Nun wird es langsam Zeit wieder zurück zu kommen. Mach dich bereit und tritt dann aus deiner Blase heraus (Dissoziation).

7.11 Modelling Fragen

Um unbewusste Strategien und Denkmuster eines Menschen, dessen Erfolgsstrategien modelliert werden sollen, bewusst zu machen eignen sich die folgenden Fragen. Zu bedenken bleibt, dass diese Strategien zwar durchaus für die zu modellierende Person zielführend sein können, dies aber nicht automatisch auch für Sie sein werden. Prüfen Sie also immer mittels T.O.T.E., ob die Strategien auch für Sie anwendbar sind und was Sie gegebenenfalls anpassen müssen, damit es für Sie auch oder sogar noch besser funktioniert. Modellieren bedeutet somit nicht blind zu kopieren, sondern die erfolgreichen Strategien anderer Menschen für sich selbst nutzbar zu machen.

9. Wer ist gut darin der es eigentlich nicht sein sollte?
10. Wer sind die unorthodoxesten / unkonventionellsten achiever/Trainer darin?
11. Warum? Was denkst du von Ihnen?
12. Was sind die weniger bekannten aber beeindruckendsten Trainer?
13. Was macht dich anders?
14. Wer hat dich trainiert oder beeinflusst?
15. Hast du andere darin trainiert das zu tun und deine Ergebnisse replizieren können?
16. Was sind die größten Fehler und Mythen?
17. Was sind die größten Zeitverschwendungen?
18. Was sind deine Lieblingsbücher oder Studien zu dem Thema?
19. Wenn sich Leute das Thema selbst beibringen müssten was würdest du vorschlagen, das sie benutzen sollen?
20. Wenn du mich für 4 Wochen trainieren müsstest und es ginge um eine 1 Million € Wette - wie würde das Training aussehen?
21. Was, wenn ich 8 Wochen trainieren würde?
22. Was sind die häufigsten Fehler - selbst bei Leuten auf Profi Niveau?
23. Was sind deine Schlüsselprinzipien um das gewünschte Ergebnis besser und konsistenter zu erreichen?
24. Wie sieht die Progression der Übungen aus?

7.12 Wohlgeformte Ziele

Suchen Sie sich drei Ziele, deren Erreichung Ihnen wichtig ist. Formulieren Sie jedes Ziel nach den Wohlgeformtheiskriterien und schreiben Sie sie auf. Checken Sie danach noch einmal, ob wirklich alle Kritieren optimal erfüllt sind:

- Wie fühlt es sich an, die eigenen Ziele schwarz auf weiß vor sich stehen zu haben?
- Hat sich etwas an der Art verändert, wie Sie Ihre Ziele wahrnehmen?

7.13 Timeline und Change History

Die Time Line ist die Kür der NLP Formate, weil hier viel bereits gelernte Know How in Kombination angewendet wird.

Anwendung:
Die Time Line dient dazu, den emotionalen Bezug zu einem Ereignis aus der Vergangenheit zu verändern, das auch heute in der Gegenwart noch eher unangenehme Wirkungen auf einen Menschen hat. Dabei werden neue Ressourcen mobilisiert. Das Ereignis von damals kann nicht verändert werden, aber die innere Einstellung dazu. Somit verändert sich auch automatisch der gegenwärtige und zukünftige Bezug zu dem Ereignis.

Praktisches Beispiel:
Beim Präsentieren fühlt sich Herr X meistens unsicher, und er vermutet, dass das Gefühl daher rührt, weil er in der Schule bei seinem ersten Referat gehänselt wurde. Durch die Veränderung seiner inneren Einstellung zu dem damaligen Ereignis verändert sich auch sein Gefühl im Innen und somit seine Ausstrahlung im Aussen. Denn als er in der Schule war, hatte er lange nicht die Ressourcen die er heute als Erwachsener zur Verfügung hat. Weil das Ereignis damals „negativ"

abgespeichert wurde, konnte Herr X durch die Arbeit mit der Timeline, einen neuen Bezug zu dem Ereignis und gleichzeitig neues Selbstbewusstsein finden.

Die Prozessschritte:
1) Den positiven Ressourcenanker testen.

Das bedeutet ihn kurz abrufen und in einen ressourcenvollen (positiven) Zustand kommen. Der positive Ressourcenanker ist deshalb wichtig, damit du, wenn du dich im nächsten Schritt einem zu verändernden „unangenehmen" Gefühl widmest, jederzeit selbst in einen ressourcenvollen Zustand zurückkommen kannst. Bestenfalls handelt es sich bei diesem Format um einen selbst kalibrierenden Ressourcenanker.

2) Kärtchen werden auf einer Linie im Raum auf den Boden gelegt. Die Kärtchen stehen für die Gegenwart, die Zukunft, die Vergangenheit und den Zeitpunkt des Ablebens. Sie stellen die Zeitlinie desjenigen dar, der gleich die Zeitlinie betreten wird.

3) Der Teilnehmer startet in der Gegenwart in dem er genau dort seine Zeitlinie betritt.

4) Er geht nun in Richtung Vergangenheit, in die Richtung seiner Geburt, mit der Aufgabe bei dem Ereignis stehen zu bleiben, dessen emotionalen Bezug er verändern möchte.
Eine gute Frage dazu: „Gehe zu dem Zeitpunkt zurück, wo du das unerwünschte Gefühl, das erste Mal hattest!"

Wichtig: Auf dem Weg in die Vergangenheit werden nur die positiven Ereignisse wahrgenommen, und bei Bedarf kann, der selbst kalibrierende Ressourcenanker jederzeit verwendet werden.

5) Gestoppt wird bei dem Zeitpunkt in der Vergangenheit, an dem das unerwünschte Gefühl das erste Mal aufgetreten ist.

6) Der Teilnehmer wird von der Timeline dissoziiert = er tritt heraus und betrachtet den Punkt, wo er ausgestiegen ist.

7) Jetzt wird Ressourcenarbeit gemacht: Jedes bereits erlernte NLP-Format auch Meta-Modell Fragen können gestellt und angewendet werden, um das Gefühl in der Situation hin zum neutralen bis positiven zu verändern.

8) Der Teilnehmer wird wieder auf die Timeline assoziiert = er betritt sie wieder und beobachtet was sich verändert hat. Falls die Veränderung noch nicht ausreichend war, erfolgt weitere Formatarbeit.
Wenn das Ereignis für den Teilnehmer neutral bis positiv geworden ist, bewegt er sich auf der Timeline in Richtung Gegenwart.

9) Auf dem Weg in die Gegenwart/Zukunft wird beobachtet, welche weiteren Ereignisse in der Vergangenheit sich durch die neuen Ressourcen verändert haben.

10) Future Pace: Der Teilnehmer stoppt nicht in der Gegenwart sondert geht gleich weiter in Richtung Zukunft. Hierbei sollen Situationen in der näheren und auch ferneren Zukunft entstehen, die jetzt durch die neuen Ressourcen überhaupt möglich sind.

11) Nun dreht sich der Teilnehmer um, und geht auf der Timeline wieder zum Punkt der Gegenwart.

12) Dort wird er dissoziiert, indem er seine Timeline verlässt.

7.14 Disney Strategie

Diese Format, benannt nach dem US Amerikanischen Filmproduzent Walter Elias „Walt" Disney, befragt drei unterschiedliche Aspekte, um zu einer visionären aber gleichzeitig auch umsetzbaren Strategie zu gelangen, die funktioniert. Befragt wird der Visionär, der Kritiker und der Realist. Dabei hat jeder dieser Sichtweisen seine Berechtigung ,um zu einer erfolgreichen Strategie zu kommen.

Anwendung:
- Sicher Entscheidungen treffen.
- Ziele und Visionen in die Realität umsetzen.

Die Prozessschritte:
1) Am besten die drei Teile, die gleich in folgender Reihenfolge befragt werden, auch kinästhetisch z. B. via Kärtchen auf dem Boden oder auf Stühlen „verankern".

2) Zu Beginn wird der Visionär befragt: hier wird empfohlen, die Position, an der der Visionär verankert wurde auch tatsächlich einzunehmen (z. B. sich dort zu platzieren).

- Der Visionär wird gefragt: Was ist deine Vision?

An dieser stelle ist Träumen erlaubt. Was wäre das Maximale was es zu erreichen gilt? Was wirst du alles haben? Was wirst du tun? Was wirst du alles Gutes dadurch gewinnen? Wie fühlst sich das an?

3) Der Kritiker wird befragt: hier wird empfohlen, die Position, an der der Kritiker verankert wurde auch tatsächlich einzunehmen (z. B. sich dort zu platzieren).

- Welche Stolpersteine und Hindernisse gibt es auf diesem Weg?

Der Kritiker versucht den Visionär zu zerlegen. Er zeigt knallhart auf, warum gewisse Dinge gar nicht funktionieren können, und was alles passieren kann.

4) Der Realist wird befragt: hier wird empfohlen, die Position, an der der

Realist verankert wurde auch tatsächlich einzunehmen (z. B. sich dort zu platzieren).

- Wie kann ich die phantastischen Ideen des Visionärs und die warnenden Aspekte des Kritikers miteinander vereinen?
- Was ist realistisch? Welche Strategien hast du, um die Stolpersteine zu meistern und wo gehört eine Idee des Visionärs umgestaltet bzw. relativiert?

Der Realist erstellt im letzten Schritt eine To do Liste, mit Strategien und Handlungen die in der Realität umgesetzt werden, um das Ziel zu erreichen. Das sind die Next Steps, die zu tun sind!

7.15 Augenzugangshinweise

Kreuze auf der nächsten Seite an, in welche Richtung der Blick deines Gegenübers bei den folgenden Fragen wandert.

Achtung! Die Augen bewegen sich während des Denkprozesses, nicht während der Antwort. Der Befragte konzentriert sich rein auf die Fragen, der Fragende auf die Augenbewegungen. Trag die Richtung so ein, wie du sie vor deinem Gegenüber sitzend beobachten kannst. Schaut dein Gegenüber links mittig, markiere dies in der 3. Spalte. Wandert der Blick nach rechts unten, markiere dies in der 6. Spalte.

Wann hast Du Biene Maja das letzte Mal im Fernsehen gesehen?						
Wie hoch ist das Haus, in dem Du wohnst?						
Wie buchstabierst Du Deinen Vornamen rückwärts?						
Wie siehst Du aus, wenn Du auf der Couch sitzt?						
Wie klingt der Ton, wenn die Telefonleitung besetzt ist?						
Wie wäre das, wenn Dein Chef plötzlich mit der Stimme von Mickey-Maus sprechen wurde?						
Welche Art von Musik ist Dir am liebsten?						
Denke an Dein Lieblingslied, wie es mit doppelter Geschwindigkeit abgespielt wird.						
Höre Dich selbst einem Freund die Zutaten zu Deinem Lieblingsrezept geben.						
Was sagst Du zu Dir selbst, wenn etwas schief läuft?						
Singe im Stillen ein Kinderlied.						
Wie fühlt sich ein Wollpullover an?						
Wie ist es, wenn Du einen Fuß in kaltes Wasser steckst?						
Wie fühlst Du Dich nach einem guten Essen?						

Quelle: eigene Grafik

7.16 Submodalitäten – Shift Erfolg programmieren (inkl. Download)

Diese Übung ist die praktische Anwendung der Submodalitäten. Sie ermöglicht dir diese gezielt zu beeinflussen, wodurch du etwa in künftigen Momenten, wo du dir ein Ziel setzt, automatisch in einen Zustand positiver Motivation gelangst. Dadurch steigt die Wahrscheinlichkeit deutlich an, dass du dein Ziel auch wirklich erreichen wirst. Bitte benutz zur Durchführung dieser Übung folgende Audio-Anleitung: www.ZHI.at/erfolg-programmieren.

ungewünscht:	gewünscht:
SEHEN Bild/Film Farbig/Schwarz-Weiß Hell/Dunkel Von Außen/aus eigenen Augen heraus Größe (Verhältnis zum Realen) 3D/2D	**SEHEN** Bild/Film Farbig/Schwarz-Weiß Hell/Dunkel Von Außen/aus eigenen Augen heraus Größe (Verhältnis zum Realen) 3D/2D
HÖREN Lautstärke Mono/Stereo/Surround Tempo Hall Richtung	**HÖREN** Lautstärke Mono/Stereo/Surround Tempo Hall Richtung
FÜHLEN Wo im Körper Atemrhythmus Pulsschlag Hauttemperatur Intensität	**FÜHLEN** Wo im Körper Atemrhythmus Pulsschlag Hauttemperatur Intensität
RIECHEN & SCHMECKEN Geschmack Duft	**RIECHEN & SCHMECKEN** Geschmack Duft
DENKEN Das sage ich zu mir Das sagen andere zu mir	**DENKEN** Das sage ich zu mir Das sagen andere zu mir
FARBE	**FARBE**
SYMBOL	**SYMBOL**

Quelle: eigene Grafik

KAPITEL 8: NLP-MODELLE IM ÜBERBLICK

Zum Abschluss und für bessere Übersicht sollen in diesem Kapitel nochmals die beliebtesten NLP-Techniken alphabetisch gelistet, in Kürze beschrieben und gegebenenfalls anhand von Praxisbeispielen veranschaulicht werden.

8.1 Augenzugangsbewegungen

Die Augen sind der wahre Spiegel, das Tor zur Seele, so sagt schon ein altes Sprichwort. Tatsächlich versteckt sich noch viel mehr hinter deinem Sehorgan. Kein weiterer Muskel im menschlichen Körper wird so oft benutzt wie die Augenmuskulatur. Sie beherbergt auch die einzigen Muskeln im Körper, welche sich nicht (komplett, auf Dauer) bewusst kontrollieren lassen. Über die Augenmuskulatur, die direkt mit dem präfrontalen Cortex verbunden ist, rufen wir Informationen und Erinnerungen ab und stellen uns damit Zukünftiges vor. Die Augen lassen dich somit Bilder, Töne, Emotionen und Gedanken abrufen und bewegen sich je nach Gedankengang – auch in eine andere Blickrichtung.

Beispiel: *Wandern die Augen nach oben, visualisiert dein Gegenüber gerade, also ruft er ein Bild im Kopf ab. Gehen die Augen nach unten, wird entweder „in sich hineingefühlt" oder ein innerer Dialog geführt, zum Beispiel, wenn wir mit unserer inneren Stimme abklären, ob uns ein bestimmtes Angebot gefällt. Wichtig zu beachten ist hierbei, dass die Augen sich während des Denkprozesses bewegen und nicht während der verbalen Antwort auf eine Frage. Die Information muss natürlich abgerufen werden, bevor geantwortet wird. Bleiben die Augen in einer mittigen Position, werden oft auditive Kanäle abgerufen, also ein Geräusch oder Töne. Der Rahmen, in dem diese Blickrichtungen stattfinden, kann je nach Mensch unterschiedlich gelagert sein.*

8.2 Analoges Markieren

Im NLP bezeichnet man den Einsatz bestimmter Stilmittel, wie das bewusste Einsetzen der Stimme (Lautstärke, Sprechpausen, Betonung, Sprechgeschwindigkeit, sprechen in eine andere Richtung, sprechen mit Dialektfärbung) oder der Physiologie (Mimik, Gesten, Richtungs- und Raumanker) als analoges Markieren. Es wird genutzt, um zu ankern, Suggestionen während der Gesprächshypnose einzubetten oder bestimmte Schlüsselwörter und Reize hervorzuheben. Auch in Texten kann analog markiert werden.

Beispiel: *Beispielsweise kannst du in E-Mails absichtlich „Rechtschreibfehler" einbauen und spezielle Wörter immer mit Großschreibung beginnen (visuelles, analoges Markieren). Damit lässt sich entweder, wenn diese Worte aneinandergefügt werden, ein Satz, eine Aufforderung usw. bilden oder du markierst bestimmte, emotionale Worte und verankerst mit dem Großschreiben deren Wirkung im Unterbewusstsein.*

8.3 Ankern

Unter einem Anker versteht man die Verknüpfung von einer bestimmten Reaktion mit einem Reiz von außen. Sie können in jedem Repräsentationsmodell gesetzt werden. Jeder Reiz, der mit einem der fünf Sinne wahrnehmbar ist, kann als Anker genutzt werden. Jede Emotion, die man bisher erlebt hat, ist in einem gespeichert und kann mit Hilfe von Ankern jederzeit abgerufen werden. Verankern bedeutet, bei einer bestimmten Handlung, Bewegung oder bloß einem bestimmten Wort eine bestimmte Reaktion auszuführen. Diese Formen der Verankerungen nutzen zum Beispiel auch Leute mit Phobien. Wer zum Beispiel davor Angst hat, über eine hohe Brücke zu gehen, reagiert automatisch ängstlich, wenn plötzlich eine Brücke auftaucht – es ist so tief im Unterbewusstsein verankert.

Beispiel: *Anker begleiten uns durchs ganze Leben. Schon in der Kindheit prägen sie dich. Der Ehering deiner Eltern, vielleicht sogar dein eigener, sind die wohl stärksten Anker zwischenmenschlicher Beziehungen. Das Lied, welches bei deinem ersten Kuss gespielt wurde oder der Geruch des Meeres, all das bringt dich dazu, etwas Bestimmtes zu fühlen. Auch Werbung nützt Anker gezielt, um bei den potenziellen Käufern Gefühle auszulösen: Titelmelodien von Filmen und Serien, der Geruch von Lebkuchen, das Bild eines Sandstrandes.*

In der Alltagskommunikation sind Anker besonders gut dafür geeignet, um andere Menschen schnell aus unerwünschten, einengenden Emotionen in ressourcenreiche Zustände zu führen. Das bedeutet, dass man zum Beispiel einem schlecht gelaunten Freund schnell die Möglichkeit gibt, sich besser zu fühlen.

8.4 B.A.G.E.L-Modell

Ein Modell des NLP, welches sich mit den äußerlich erkennbaren Signalen (Zugangshinweisen), die bei einem Menschen wahrgenommen werden können, beschäftigt. Es ist ein Kunstwort aus folgenden Begriffen: Body Posture (Körperhaltung), Accessing Cues (Zugangshinweise), Gestures (Gestik), Eye movements (Augenbewegungen) und Language Patterns (Sprachenmuster). Die Idee dahinter beruht darauf, den Menschen stets in seiner Gesamtheit und nicht aufgrund einzelner Repräsentationssysteme wahrzunehmen. Zugangshinweise sind immer vorhanden, aber oft kaum wahrnehmbar. Viele dieser Zugangshinweise wie sich am Kopf kratzen, mit den Fingern zu schnipsen oder das Atemtempo sind typisch für eine bestimmte Empfindung. Andere hingegen müssen zuerst kalibriert werden, um ihre Bedeutung zu verstehen.

Beispiel: *Menschen, die visuell repräsentieren, verfügen meist über eine aufrechte Körperhaltung. Personen, die einem Gespräch aufmerksam folgen und zuhören, neigen dazu, sich dabei zurück zu lehnen und mit geneigtem Kopf oder verschränkten Armen dazusitzen. Menschen, die kinästhetisch repräsentieren, verfügen meist über eine nach vorne gebeugte Körperhaltung und eine tiefe Atmung. Aus diesen Zugangshinweisen lassen sich bereits erste Schlüsse über die momentane Gefühlslage eines Menschen ziehen.*

8.5 Bodenanker

Bodenanker sind meist mithilfe von Zetteln auf dem Boden angebrachte Kennzeichen, welche für einen Zeitpunkt, einen Zustand oder ein Ereignis stehen. Sie sollen dabei helfen, sich in die geankerte Situation versetzen zu können.

Beispiel: *Bodenanker kommen sehr oft in Verbindung mit einer Time Line zum Einsatz. Sie helfen dabei, diese Time Line gezielt aufzubauen, die Schritte nacheinander zu durchlaufen und zu visualisieren. Bodenanker sind ein gutes Mittel, um stattfindende Reaktionen und Veränderungen eines Menschen auf konkrete Situationen wahrzunehmen.*

8.6 Chaining

Ein „**Kettenanker**" oder eine „**Ankerkette**" bezeichnet die Aneinanderreihung von verschiedenen Ankern, welche den Klienten unterschiedliche Zustände hintereinander erleben lassen. Ziel ist es, auf einen Reiz wie Langeweile, durch das Auslösen der Ankerkette sofort mit Motivation und Tatendrang zu reagieren. Dieser Prozess kann innerhalb weniger Sekunden ablaufen. Kettenanker können ebenso wie Anker in jedem Repräsentationsmodell gesetzt werden. Es kann auch eine Aneinanderreihung verschiedener Sinneskanäle stattfinden oder eine Kombination mehrerer Eindrücke für einen Anker. Der Klient reagiert also positiv auf einen Reiz, der für ihn eigentlich negativ ist. Dies wird durch das Auslösen des ersten Ankers erreicht, welcher die Zwischenschritte zwischen unerwünschtem und erwünschtem Zustand hervorruft und in Sekundenschnelle ablaufen lässt. Mehrere Schritte führen dich also zu einem Ziel, mit dem Vorteil, dass man diese Zwischenschritte nicht mehr wirklich durchleben muss (was normal viel länger dauert und oft bedeutet, in einem ressourcenleeren Zustand hängen zu bleiben), sondern es in Zukunft reicht, den Anker auszulösen.

8.7 Change History

Die Change History ist eine Technik der Time-Line-Therapie. Dabei werden frühere, emotional stark aufgeladene Beziehungen verabschiedet und aufgearbeitet. Wichtig ist hier ein Prozess, der unterstellt, dass jede Person eine positive Absicht für ihr Verhalten hat. Negatives Verhalten erklärt sich damit nur durch den Mangel an alternativen Verhaltensweisen. Im Zuge dieses Prozesses geht es nicht darum, nochmals die Vergangenheit zu erleben, sondern daraus zu lernen. Es geht darum, sich ein Best-Case-Szenario über die mögliche perfekte Situation aufzubauen und diese Erkenntnisse für zukünftige ähnliche Situationen zu nutzen.

Beispiel: *Im Zuge der Change History werden viele Fragen zu vergangenen Ressourcenbedürfnissen aufgearbeitet. Beispiele für zentrale Fragen sind: Was hättest du in dieser Situation gebraucht? Was hat dir in dieser Situation gefehlt? Warst du schon einmal in einer bestimmten Situation, dass du ...?*

8.8 Chunking

Chunking ist ein Meta-Programm aus der NLP und bezieht sich darauf, dass man in einem Thema beliebig zwischen Detail und Überblick springen kann.

Beispiel: *Ist eine Frage etwa auf ein konkretes Detail gerichtet, schinden viele Politiker Zeit, indem sie zuerst auf einen globalen Überblick verweisen, um das „Problem an sich" darzulegen. Als Argument, dies zu tun, wird häufig angegeben, dass es keinen Sinn mache, über*

"Kleinigkeiten und Details" zu diskutieren, solange das Problem an sich noch nicht klar definiert und abgegrenzt sei.

8.9 Core-Transformation

Eine Methode auf spiritueller Basis, mit dem Ziel, das Befinden der absoluten Erfüllung zu erleben und dadurch eine unerwünschte Emotion oder ein Verhalten zu verändern. Dabei geht es darum, sich von einem Verhalten, Glaubenssatz oder verankerten Gefühl zu befreien. Bei dieser Methode erfolgt die Unterscheidung nach fünf klassischen Core-Zuständen.

1. Sein – das Hier und Jetzt der Gegenwart direkt erfahren.
2. Innerer Frieden – in sich hineinhorchen und mit dem Inneren im entspannten Einklang stehen.
3. Liebe – bedingungslose Liebe zuzulassen, erleben und zu schenken.
4. Okay sein – ein gesundes Maß an Selbstakzeptanz. Ich bin genauso wie ich bin und das ist gut so!
5. Verbundenheit – die Verbindung und die Einheit mit anderen Menschen, mit der Natur, mit Gott aufzubauen und zu leben.

8.10 Diamond-Technik

Eine begleitende Kreativitäts- und Problembearbeitungstechnik des NLP, welche nicht die eigentliche Problemlösung verfolgt, sondern vielmehr das Ziel hat, dieses durch neu gewonnene Einsichten und Standpunkte anders zu verstehen.

Beispiel: *Die Diamond-Technik eignet sich dazu, um der Ursache von unerwünschten Gefühlen auf den Grund zu gehen. Dabei wird eine bestimmte Situation gemeinsam mit dem Klienten durchleuchtet, mit dem Ziel, den Blickwinkel zu vergrößern und für kommende, ähnliche Situationen eine größere Anzahl von alternativen Verhaltensweisen zu präsentieren. Verhaltensweisen, die bis dato noch nicht bekannt waren, können durch die Diamond-Technik gezielt aufgebaut werden.*

8.11 Disney-Strategie

Ein Modell zur Steigerung der Kreativität, welches sich auf Walt Disney zurückführen lässt. Dabei wird eine bestimmte Situation immer aus drei unterschiedlichen Blickwinkeln betrachtet. Aus der Sicht des Träumers, aus der Sicht des Realisten und aus der Sicht des Kritikers. Diese Methode eignet sich perfekt zur Anwendung von einer Einzelperson, aber auch zur Gruppenanwendung. Ziel ist es, durch diese unterschiedlichen Betrachtungsweisen die Situation aus verschiedenen Blickwinkeln zu durchleuchten und durch dieses wechselnde Rollenbild mehr Erkenntnisse zu gewinnen.

8.12 Familienaufstellung (Systemisches Arbeiten)

Eine Maßnahme zur Verdeutlichung von Strukturen, Beziehungen und Interaktionsmustern in Familien. Dabei werden andere Personen stellvertretend für Familienmitglieder eingesetzt.

Beispiel: *Die systematische Familienaufstellung wird meist in Gruppen durchgeführt, kann aber auch mit Hilfe eines Familienbretts über eine räumliche Darstellung erfolgen. Dabei werden stets eine spezifische Situation einer Person und die zwischenmenschlichen Zusammenhänge durchleuchtet. Ziel einer Familienaufstellung ist es, sich mit der belastenden Situation auseinanderzusetzen und durch das Feedback fremder Personen eine Problemlösung zu finden.*

8.13 Fast-Phobia Cure

Eine NLP-Technik, die es ermöglicht, Phobien in nur wenigen Minuten dauerhaft zu beseitigen. Hinter dem Begriff Phobie versteckt sich ein

Reflex, der durch einen bestimmten Reiz ausgelöst wird. Mit der Fast-Phobia ist es möglich, eine gezielte Abgrenzung zwischen Angst und Phobie aufzubauen. Es wird dem Klienten klar gemacht, dass Angst nichts Schlimmes darstellt, doch nicht jede Angst mit einer Phobie gleichzusetzen ist.

Beispiel: *Leidet eine Person an einer Platzangst, tritt bei bestimmten Räumlichkeiten wie in einem Aufzug automatisch ein beklemmendes Angstgefühl ein. Bei der Fast-Phobia wird versucht, dieses negative Gefühl durch einen bewusst gesetzten positiven Anker auszutauschen. Dem Klienten soll es gelingen, in bestimmten kritischen Situationen diesen positiven Anker hervorzuholen und den Angstreflex durch als positiv gesehene Emotionen zu ersetzen.*

8.14 Future-Pace

Ein Blick in die Zukunft, welcher immer wieder im Kopf durchgespielt wird, um sicherzustellen, im Ernstfall problemlos das erwünschte Verhalten einsetzen zu können. Dabei kommt es zur Betrachtung von vier Aspekten: der Aufbau der eigenen Ressourcen, das Setzen eines Ankers in der Gegenwart, welcher als Erinnerungspunkt in der Zukunft genutzt wird, persönliches Training und Probelauf.

Beispiel: *Die Methodik Future-Pace wird gerne am Ende eines Verkaufsgespräches oder einer Verhandlung genutzt, um die Motivation zu überprüfen, eine Entscheidung zu festigen oder Ressourcen zu verstärken. Dabei wird eine zentrale Frage mit einem Blick in die Zukunft gerichtet z. B. „Was könnte anders werden, wenn …?"*

8.15 Energiefeld

Ein Modell der NLP, bei welchem es ausschließlich um die bewusste Beeinflussung und Wahrnehmung der persönlichen Ausstrahlung über die fünf Sinneskanäle geht. Ziel der Energiefeld-Methode ist es, den

Klienten von Blockaden wie Depressionen, Ängsten oder Schuldgefühlen zu befreien und dem Körper wieder zu einem freien Energiefluss zu verhelfen. Durch die Energiefeld-Methode werden der eigene Energie-Level erhöht und bestimmte Atmungs-, Entspannungs- und Körperübungen erlernt, die dabei helfen, die persönlichen Energien gezielt aufzuladen. Die Technik ist in der Durchführung vergleichbar mit dem Moment of Excellence (MOE).

8.16 Leading

Wenn ein guter Rapport vorhanden ist, kann durch Leading der Gesprächspartner behutsam in einen anderen Zustand versetzt werden. Der Begriff Leading bedeutet führen (to lead). Der eigentliche Prozess des Leadings ist ziemlich einfach. Wenn man wahrnimmt, dass Rapport besteht, starten wir damit, erste kleine Veränderungen im Ausdrucksverhalten (Physiologie, Sprache,...) herbeizuführen und überprüfen gleichzeitig am Verhalten unseres Gegenübers, ob dieser die Veränderungen mitmacht. Bevor die eigentliche Beeinflussung startet, sollte man testen, ob ausreichend Rapport vorhanden ist. Ist eine gute nonverbale Basis gegeben, steigt nämlich die Erfolgswahrscheinlichkeit der Beeinflussung rapide an. Dies gründet einerseits darin, dass Ihnen der Gesprächspartner vertraut. Andererseits ist es wichtig, dass er auch unterbewusst (in diesem übertragenen Sinne auch nonverbal) zeigt, dass er den Vorgaben Folge leistet. Dem Status-Gesetz zufolge ist somit jeder gute Kommunikator immer auch ein Leader und damit unweigerlich auch ein Manipulator.

Beispiel: *Da Menschen dazu neigen, den guten Kontakt mit sympathischen Personen instinktiv aufrecht halten zu wollen, werden sie im Regelfall die einzelnen Schritte des Leaders mitgehen. Dadurch kann der Beeinflusser oder bspw. die Führungskraft durch geschicktes Leading einen nervösen Mitarbeiter in neutrale Stimmung versetzen, um den Gesprächsprozess erfolgreicher zu gestalten. Selbstverständlich sind für jeden Verkäufer oder jede Führungskraft Leading und Pacing absolute Basiswerkzeuge der Kommunikation.*

8.17 Pacen

Pacing stammt von dem englischen Begriff „to pace" ab. Wörtlich übersetzt versteht man darunter ein Gehen im Gleichschritt. Im NLP wird Pacing als Prozess der Spiegelung des Gegenübers genutzt. Darunter versteht man das verbale und nonverbale Nachahmen von Gesten und Verhaltensweisen einer Person. Ziel des Pacings ist es, Rapport mit dem Gesprächspartner zu erzeugen.

In vielen Kommunikationssituationen beschäftigen sich die Gesprächspartner nur mit der Vermittlung der Inhalte und verschwenden dadurch einen Großteil ihres Potenzials. Viel wirkungsvoller ist es, im ersten Schritt den Inhalt hintanzustellen und über Pacing eine positive Gesprächsatmosphäre herzustellen. Durch diese bewusste Spiegelung stellt man automatisch Rapport her. Versuch in nächster Zeit ein wenig offener durchs Leben zu gehen und beobachten andere Menschen in Situationen der Kontaktaufnahme. Es wird sehr rasch klar werden, dass Personen mit vielen Gemeinsamkeiten mehr Verständnis für einander zeigen. Dabei geht es nicht um ein affektiertes Nachmachen der anderen Personen, sondern um ein bewusstes auf sich Einlassen auf eine andere Person. Pacing ist ein zentrales Basiswerkzeug der Kommunikation und unterstützt dabei, rasch einen guten Kontakt mit dem Gesprächspartner aufzubauen und ganz besonders der Hypnotiseur sollte das Pacing beherrschen.

8.18 Mentor-Technik

Die Mentor-Technik ist eine Methodik der NLP und verfolgt das Ziel, neue Sichtweisen und Ressourcen aufzubauen und diese langfristig zu erhalten. Zur Erreichung des Ziels wird der Klient von drei Mentoren begleitet. Diese Mentoren können Personen aus der Gegenwart, aus der

Vergangenheit oder auch Phantasiefiguren sein. Jeder dieser Mentoren nimmt eine andere Haltung zu einem bestimmten Thema ein. Mentor Nummer eins steht für ein gewünschtes Verhalten, Mentor Nummer zwei zeigt Verständnis für bestehende Denkweisen und Mentor Nummer drei bietet Unterstützung bei der Definition von Glaubenssätzen und Werten. In der Mentor-Technik versucht sich der Klient in bestimmten Situationen in seine Mentoren hineinzuversetzen und dadurch gleichzeitig seinen persönlichen Horizont zu erweitern.

8.19 Meta-Modell

Ein Meta-Modell ist die Beschreibung für ein anderes Modell. Im NLP und in der Sprachwissenschaft versteht man unsere Sprache als subjektive Abbildung (folglich auch als Modell) der Realität. Das sprachliche Meta-Modell ist daher ein Modell aus dem „Modell der Sprache". Dabei war es das ursprüngliche Ziel, das Modell der Realität einer Person so zu erweitern, dass sich das Angebot an Wahlmöglichkeiten erhöht und verbessert.

Das sprachliche und inhaltliche Abbild der Umgebung entsteht durch drei Kreationsprozesse: Prozess der Generalisierung, Prozess der Tilgung und Prozess der Verzerrung. Es gibt zahlreiche Formen der Kommunikation. Menschen kommunizieren mit sich selbst, also ihrem Bewusstsein, und untereinander durch das Benutzen einer einheitlichen Sprache. Das Gesprochene ist dabei eine vereinfachte Version des eigentlich wahrgenommenen, inneren Erlebens. Die komplette sprachliche und vor allem inhaltlich genaue Wiedergabe dessen, was nach außen kommuniziert wird, wird als Tiefenstruktur bezeichnet. Durch die eben beschriebenen Gestaltungsprozesse (Prozess der Generalisierung, Prozess der Tilgung und Prozess der Verzerrung) geschieht eine passende Verarbeitung (Transformation), die in der verbalen Sprache ihren Ausdruck findet.

Da der Empfänger einer Botschaft zumeist über einen anderen Erfahrungsschatz verfügt als der Sender, kommt es bei einer Rückübersetzung nicht selten zu interpretatorischen Fehlern und Verwechslungen. Im Regelfall sind sich die kommunizierenden Personen nicht bewusst, dass ein solches Problem besteht, weil sie sich darauf verlassen, dass das Gegenüber „dieselbe Sprache spricht". Erst wenn es zu Komplikationen kommt, bemerken sie, dass sie „aneinander vorbei geredet" haben.

Möchtest du sprachliche Äußerungen deines Gegenübers mit dem Meta-Modell überprüfen, um mehr Informationen der Tiefenstruktur zu erhalten, empfiehlt es sich, den Inhalt in der folgenden Reihenfolge zu hinterfragen:

1. Generalisierung
2. Verzerrung
3. Tilgung

8.20 Metaphern

Eine Metapher ist ein Wortspiel, welches dazu genutzt wird, um Glaubenssätze, Werte, Voraussetzungen oder Beziehungen zu versetzen oder zu übertragen. Es ist eine Form des seitlichen Chunkings. Im NLP wird zwischen flachen und tiefen Metaphern unterschieden. Eine flache Metapher ist ein Gleichnis, bei dem mit offensichtlichen Ähnlichkeiten gespielt wird. Beispiele dafür sind: „stark wie ein Bär", „groß wie ein Reise" oder „unendlich wie das Weltall". Eine tiefe Metapher beschäftigt sich mit Beziehungen, Formen und Prozessen. Beispiele dafür sind: „vor der großen Menge an Bäumen den Wald nicht mehr sehen" oder „der Elefant im Porzellanladen".

Beispiel: *Im NLP wird eine Metapher immer bewusst eingesetzt und hat nichts mit dem alltäglichen Humor zu tun. Situationsabhängig kann eine*

Metapher verschiedene Ziele verfolgen. Sie kann einerseits zum Denken anregen oder verrückt machen.

8.21 Milton-Modell

Das Milton-Modell der NLP ist tatsächlich die Umkehrung des Meta-Modells: Anstatt durch passende Fragen gezielt Information zu sammeln, bedient man sich nun einer möglichst vagen Sprache. Diese bewussten Meta-Modell Verletzungen vor größeren Gruppen begeht man, um möglichst viele Menschen anzusprechen und abzuholen. Dies kennst du bereits aus der Werbung und Politik, besonders, wenn sich hohe Entscheidungsträger in Interviews nicht festlegen wollen und sie keine spezifischen Aussagen tätigen, obwohl sie sich eingehend mit dem Thema beschäftigen. Es ist eine Sammlung von Techniken aus der Gesprächshypnose, um Menschen in tiefste Entspannungszustände zu versetzen.

Beispiel: *Das Wahlversprechen – „Ich verspreche Sicherheit, Reichtum und Wohlstand" – ist ein gutes Beispiel für das Milton-Modell. Jeder einzelne Mensch interpretiert diese Worte passend zur jeweiligen persönlichen Situation und malt sich individuelle Vorstellungen der Zukunft und der Veränderung aus. Durch diese Gedanken wird das Unterbewusstsein angesprochen und es ist dem Redner bereits gelungen, sich durch diese schwammige Formulierung in den Köpfen der Zuhörer zu verankern.*

8.22 Neurologische Ebenen

Bei den klassischen Prozessen des Lernens, der Kommunikation und der Veränderung sind natürliche Hierarchien der Klassifikation gegeben. Die Funktion jeder einzelnen Ebene ist es, Informationen auf der darunter liegenden Ebene entsprechend zu organisieren und gleichzeitig zu verändern. Eine Änderung auf einer der unteren Ebenen kann, muss aber nicht zwingend, die darüber liegenden Ebenen beeinflussen. Jedoch etwas auf den oberen Ebenen zu verändern, bedeutet notwendigerweise eine Veränderung von Dingen auf den darunter liegenden Ebenen, um die Veränderung auf den höheren Ebenen zu unterstützen.

8.23 New Behavior Generator

Unter New Behavior Generator versteht man eine Strategie zur Modellierung eines neuen Verhaltens. Ziel ist es, Verhaltensweisen zu übernehmen, generieren oder zu verändern. Das Modell eignet sich vor allem für Menschen, die ein neues Verhalten erreichen möchten und sich dabei an einem Vor- oder Leitbild orientieren möchten. Dabei kann es sich um lebende Personen, Phantasiepersonen oder einem Verhalten von sich selbst, welches schon einmal in der Vergangenheit verfügbar war, handeln.

Beispiel: *In einem ersten Schritt setzt man sich beim New Behavior Generator selbst mit den eigenen Werten, den eigenen Überzeugungen oder dem eigenen Verhalten auseinander und analysiert die aktuellen Verhaltensmuster. Danach versucht man, sich an einem Leitbild zu orientieren und neue Verhaltensmuster im Kopf und anschließend in realen Situationen durchzuspielen. Als finaler Abschluss ist es hilfreich, eine Situationsanalyse durchzuführen. Es ist nützlich sich zu überlegen, ob du alles richtig gemacht hast und mit dir zufrieden warst oder ob noch weitere Veränderungen notwendig sind.*

8.24 Öko-Check

Der Öko-Check zählt zu den klassischen NLP-Basistechniken. Dabei wird das Verhalten eines Menschen in einem geschlossenen System wie einem Denk- oder Weltmodell unter Berücksichtigung der Einflüsse von der Umwelt betrachtet. Ziel ist es, Veränderung im Leben eines Menschen durchzuführen und diese im Vorfeld einer ökologischen Prüfung zu unterziehen. Kommt es im Zuge des Öko-Checks und den gesetzten Zielen zu Bedenken, sollten die Ziele so lange angepasst werden, bis eine eindeutige Kongruenz gegeben ist.

Beispiel: *Der Öko-Check beschäftigt sich mit der Überprüfung und Bestätigung des individuellen Verhaltens und individueller Ziele und deren Auswirkungen auf größere Systeme. Beispiele dafür sind Arbeitskollegen oder die Familie. Im inneren Kontext beschäftigt sich der Öko-Check mit Glaubenssätzen und Wertvorstellungen.*

8.25 Praliné-Muster

Das Praliné-Muster ist eine kurze, aber Erfolg versprechende Motivationsstrategie der NLP. Sie dient dazu, die Motivation für Aufgaben zu stärken, für welche man sich zwar selbst entschieden hat, sie aber nicht wirklich als attraktiv empfindet. Ziel dieser Technik ist es, die Aufgabe mit einem positiven Bild zu versehen und so die Lust zur Zielerreichung zu steigern.

8.26 Rapid Relaxation Technik

Die Rapid Relaxation Technik beschäftigt sich mit dem Einfluss der Körperhaltung auf den Gemütszustand. Dabei gibt es eine Vielzahl spezieller Tipps in Form von Atmungs- und Entspannungstechniken, die Ihnen dabei helfen können, Körper und Gemütszustand wieder in Einklang zu bringen.

Beispiel: *Stell dir vor, du bist in einer Situation mit einer negativen Emotion. Um wieder einen positiven Gemütszustand zu gewinnen, kannst du versuchen, ruhig und bewusst aus dem Bauch heraus zu atmen. Zur Verstärkung des Gefühls kann es helfen, die Hand auf den Bauch zu legen und die Atembewegungen so intensiver zu spüren. Schließ deine Augen und versuch, dich an eine schöne Situation aus deiner Vergangenheit zu erinnern. Manchmal kann es helfen, zusätzlich beruhigende Worte zu sich selbst zu sprechen wie in etwa: „Ich fühle mich sehr wohl und mir geht es gut". Langsam wird es dir gelingen, in ein Gefühl der Entspannung einzutauchen. Versuch dieser nun positiven Situation eine Farbe oder ein Wort zu geben und in dir zu verankern. Mit ein wenig Übung wird es dir gelingen, in Zukunft bloß an das Wort oder die Farbe denken zu müssen und diese automatisch mit einem positiven Gemütszustand zu verbinden.*

8.27 Rapport

Unter Rapport versteht man eine gemeinsame Basis des Vertrauens und der Sympathie. Diese entsteht besonders schnell, wenn zwei Menschen aufeinander treffen, die eine ähnliche Art zu kommunizieren haben. Dadurch ergibt sich eine klare Hierarchie (je nach Gesprächsrichtung), mit der auch beide zufrieden sind. Natürlich können beide gleichberechtigt sein, meist übernimmt jedoch der die Führung, der den höheren Status hat. Je besser sich zwei Menschen verstehen, desto ähnlicher wird auch ihre Körpersprache. Entweder passt sich einer (meist jener mit Tiefstatus) an sein Gegenüber (jener mit Hochstatus) an und lässt sich führen oder beide nähern sich gegenseitig an. Der Prozess dieser Angleichung wird als **spiegeln** oder „**pacing** und **leading**" bezeichnet.

Beispiel: *Rapport erkennt man daran, dass eine Gleichheit der Körperhaltung und im Verhalten besteht. Paare oder Freunde gehen beispielsweise im Gleichschritt und wenn der eine zum Glas greift, trinkt der andere auch einen Schluck, obwohl er gar keinen Durst hat. Das heißt man nähert sich seinem Gegenüber unterbewusst an.*

8.28 Reframing

Das Reframing ist ein beliebtes inhaltliches Verhandlungswerkzeug und beschäftigt sich primär mit dem Umdeuten des Kontexts von Bedeutungen und Inhalten. Die Technik eignet sich besonders gut dafür, um nicht nur einen nonverbalen, sondern auch inhaltlichen Rapport zu erzeugen. Diese Fähigkeit, eine Situation oder ein Verhalten aus unterschiedlichen Blickwinkeln zu betrachten, kann dabei helfen, den Geist beweglich und frei zu machen. Durch Training kann es gelingen, schwierige Situationen besser zu meistern und den Pool an verfügbaren Wahlmöglichkeiten erheblich zu steigern. Abhängig von der Situation wird im NLP vom Kontextreframing oder Bedeutungsreframing gesprochen. In diesem Beispiel werden 6 Schritte für einen erfolgreichen Reframe genutzt:

- *Schritt 1: Was ist das Problem und was löst es aus?*
- *Schritt 2: Kommuniziere mit dir selbst! Bin ich für mein Verhalten verantwortlich?*
- *Schritt 3: Erarbeite eine positive Absicht.*
- *Schritt 4: Sei kreativ und such neue Wege.*
- *Schritt 5: Führe einen Öko-Check durch.*
- *Schritt 6: Triff mit dir eine Vereinbarung für die Zukunft – Future Pace.*
- *Durch das Vertraut machen mit besseren Alternativen wird dem Klienten eine größere Auswahl an Möglichkeiten angeboten und dadurch mehr Freiheit zur persönlichen Entfaltung gegeben.*

8.29 Repräsentationssysteme

Repräsentationssysteme beschreiben die Wahrnehmung der Welt durch den Einfluss der fünf Sinneskanäle. Dabei setzt jeder Mensch einen anderen Schwerpunkt in seine Sinne. Ein typisches Repräsentationssystem ist das VAKOG-Modell.

8.30 Separieren

Unter Separieren versteht man einen bewusst eingesetzten Zustand der Unterbrechung, um eine Person zum Innehalten oder Stoppen einer Sache zu bewegen. Ziel des Separierens ist es, den Klienten in einen anderen Zustand zu versetzen und aus dem Hier und Jetzt herauszuholen.

Beispiel: *Stelle einer Person eine spontane Frage, die mit dem aktuellen Moment nichts zu tun hat wie z. B. „Was hast du gestern zu Mittag gegessen?". Vielleicht ist dein Gegenüber im ersten Moment über die plötzliche Frage ein wenig verwundert, doch du wirst eine Antwort darauf bekommen. Dieses Auseinandersetzen mit dieser spontanen Frage hilft, den aktuellen Zustand zu unterbrechen und in einen neutralen Zustand einzutauchen.*

8.31 Swish-Technik

Die Swish-Technik hat das Ziel, unerwünschte Gewohnheiten zu verändern, indem eine starke, positive Motivation aufgebaut wird. Dabei wird versucht, dem Klienten das gewünschte Zielbild greifbar näher zu bringen und gleichzeitig das unerwünschte Zielbild in die weite Ferne zu rücken. Wieso in die Ferne schweifen, wenn das Gute doch so nah ist, ist die Devise dieser weit verbreiteten NLP-Technik.

Beispiel: *Ein gutes Beispiel für die Swish-Technik stellt die Raucherentwöhnung dar. In einer bestimmten Situation, wie etwa beim Trinken eines Kaffees, taucht der Wunsch nach einer Zigarette auf. Dieses Vorstellungsbild erscheint meist automatisch und ist im Unterbewusstsein verankert. Ziel der Swish-Technik sollte es nun sein, das Leitbild der Zigarette durch ein anderes, ein positives Leitbild, zu ersetzen. So könnte man versuchen, das Trinken eines Kaffees mit einem Glas Wasser in Verbindung zu setzen und dieses Glas Wasser als neues Leitbild zu verinnerlichen. Durch eine Wiederholung dieser Vorstellung und ein wenig Training werden diese neuen Bilder automatisiert und können dir dabei helfen, dich von einer Sucht wie das Rauchen zu befreien.*

8.32 SMART-Methode

Ziel der SMART-Methode ist es, Ziele richtig und präzise zu definieren. Die Abkürzung SMART steht für: S für den Begriff spezifisch, M für den Begriff messbar, A für den Begriff attraktiv, R für den Begriff realistisch und T für den Begriff terminiert. Eine Zielformulierung unter Berücksichtigung der SMART-Methode kann dabei helfen, Ziele schneller und einfacher zu erreichen.

Beispiel: *Die SMART-Methode lässt sich in vielen beruflichen und privaten Bereichen einfach einsetzen. So kann sie dich z. B. dabei unterstützen, eine passende Wohnung zu finden.*

1. *Spezifisch: Erstell einen Kriterienkatalog für deine neue Wohnung. Was muss die Wohnung unbedingt haben?*
2. *Messbar: Wie groß ist dein Budget?*
3. *Attraktiv: Wie attraktiv ist eine neue Wohnung für dich? Ist sie ein Nice-to-have oder versteckt sich ein persönlicher Leidensdruck dahinter?*
4. *Realistisch: Wie schaut es mit Angebot und Nachfrage aus? Sind die realistischen Gegebenheiten, um deine perfekte Wohnung zu finden, gegeben?*
5. *Terminiert: Bis wann möchtest du deine neue Wohnung finden?*

Diese strukturierte Vorgehensweise kann dabei helfen, sich aufs Wesentliche zu konzentrieren. Du verschaffst dir dadurch Klarheit über deine Ziele und kannst diese effektiver erreichen.

8.33 Strategien

Strategien im NLP sind spezifische Bewusstseinspläne. Sie können dabei helfen, Verhalten und Gedanken zu organisieren und sind eine Unterstützung, um bestimmte Aufgaben besser und einfacher zu bewältigen. Beispiele für klassische Strategien Im NLP sind das TOTE-Modell oder die Walt-Disney-Strategie. Strategien sind eng mit Glaubenssätzen und Verhaltensweisen verbunden. Eine Strategie im NLP ist mit einem Kochrezept zu vergleichen. Sie gibt Information darüber, welche Zutaten, in welcher Reihenfolge und in welcher Intensität notwendig sind, um das Lieblingsgericht, also die innere Zufriedenheit, zu erreichen.

8.34 Teile-Verhandeln

Bei der Technik des Teile-Verhandelns geht man davon aus, dass sich in jedem Menschen mehrere Teilpersönlichkeiten befinden, die eine unterschiedliche Zielerreichung verfolgen. Das heißt, in gewisser Weise steht jeder mit sich selbst in einem Konflikt, den er zu überwinden hat. Das Teile-Verhandeln hilft dabei, unterschiedlichen Teilpersönlichkeiten zu entdecken und auf sie zu hören. Du lernst dich selbst mit den inneren Konflikten auseinanderzusetzen und Kompromisslösungen zu finden. Diese Technik unterstützt dabei, sich von einem lästigen Verhalten zu befreien und hilft, neue Wege zu gehen.

Beispiel: *Du sitzt in einem Kaffeehaus und hast plötzlich Lust auf ein großes Stück Torte mit Sahne. Der Genussmensch in dir sagt: „Greif zu!" Im gleichen Atemzug meldet sich der Vernunftmensch in dir und sagt: „Eigentlich willst du ja abnehmen und die Torte ist eine wahre Kalorienbombe." Du befindest dich also mit dir selbst in einem inneren Konflikt. In Situationen wie diesen kann dir die Technik des Teile-Verhandelns dabei helfen, den für dich richtigen Weg zu finden.*

8.35 Time-Line

Die Time-Line hilft dabei, Vergangenheit, Gegenwart und Zukunft durch eine visuelle Darstellung zu koordinieren. Dadurch kann es gelingen, eine Verbindung zwischen zukünftigen Zielen und erlebten Ressourcen herzustellen. Die Time-Line versucht alle im Unterbewusstsein gespeicherten Erlebnisse und Emotionen abzurufen und mit den Visionen der Zukunft zu ergänzen. Dabei wird im NLP zwischen der äußeren Time-Line und der inneren Time-Line unterschieden. Die Time-Line ist eine gute Methode, um Problemen auf die Ursache zu gehen und durch die Darstellung der Vergangenheit herauszufinden, wo bestehende Probleme ihren Ursprung haben.

8.36 Trance

Unter Trance versteht man eine spezielle Form eines Entspannungszustandes, der dabei helfen soll, auch die unterbewussten Ressourcen eines Menschen zu erreichen. Man kann eine Trance in leicht, mittel und tief einstufen. Je tiefer die Trance ist, umso mehr ist das Bewusstsein eingeschränkt (jedoch niemals ganz abgeschaltet). Selbst bei einer tiefen Trance ist das Bewusstsein in der Lage noch alles mitzubekommen, es interessiert sich jedoch nicht mehr für die Dinge, die in der Umgebung geschehen. Dadurch werden die reale Wahrnehmung und die Kritikfähigkeit extrem eingeschränkt.

Beispiel: *Ist der Proband auf den Hypnotiseur fixiert, befolgt seine Anweisungen und lässt sich nicht mehr ohne weiteres von anderen Dingen stören, hat der Hypnotiseur bereits einen leichten Entspannungszustand induziert. In mittlerer Trance sind Beeinflussungen aller Art bereits möglich. Man kann damit den Blutkreislauf, den Hormonhaushalt sowie andere Körperfunktionen direkt beeinflussen. Auch Langzeitsuggestionen entfalten in diesem Stadium ihre volle Wirkung. Weiterhin ist die Schmerzausschaltung bereits in mittlerer Trance möglich (Analgesie). In tiefer Trance ist es möglich, eine andere Realität und auch Halluzinationen zu erzeugen. Im tiefsten Trancezustand ist ein Eingreifen des Bewusstseins nur sehr selten bis überhaupt nicht mehr möglich. Der Hypnotiseur nimmt alle Entscheidungen des Bewusstseins ab. Die tiefe Trance ist hauptsächlich zur Ausführung von Befehlen und für Halluzinationen notwendig. Zusätzlich ist auch eine totale Anästhesie (Betäubung/Narkotisierung) möglich.*

8.37 VAKOG Modell
Diese NLP-Technik baut auf die fünf Sinneskanäle des Menschen auf:

- visuell – den Sehsinn und die Augen betreffend
- auditiv – den Gehörsinn und die Ohren betreffend
- kinästhetisch – den Tastsinn betreffend
- olfaktorisch – den Geruchssinn betreffend
- gustatorisch – den Geschmackssinn betreffend

Jeder Mensch verfügt über diese fünf Sinne, doch ein paar Menschen haben Präferenzen, spezielle Schwerpunkte, auf die sie sich in ihrer Wahrnehmung fokussieren. Ziel dieser Technik ist es, die Präferenzen der einzelnen Personen zu erkennen und die Kommunikation genau auf diese spezifischen Präferenzen der Personen aufzubauen. Wenn du erkennst, auf welche Sinne eine Person geprägt ist und mit ihr in ihrer Sprache sprechen, wird es dir einfacher gelingen, die Person für deine Botschaft zu gewinnen.

Beispiel: *Es gibt eher visuell geprägte Menschen, das wären Filmproduzenten, Fotografen, Werbetexter und teilweise natürlich auch Autoren, weil sie in Worten und Bildern denken. Manche Menschen sprechen sehr schnell, andere wiederum mit einer langsamen Sprechgeschwindigkeit. Dann gibt es noch die Kinästheten, die Gefühlsmenschen. Sie brauchen eher länger zum Überlegen, weil sie sich zuerst reinfühlen müssen, damit ein Gefühl entsteht, bevor sie es in Worte fassen können. Und die Auditiven hören zuerst in sich rein. Andere Menschen reagieren sehr stark auf Gerüche und Geschmäcke und können sehr viele Informationen für sich selbst daraus ziehen.*

8.38 Visual Squash
Der Visual Squash ist eine systematische Teilearbeit und soll dabei helfen, für einen inneren Konflikt Lösungen zu finden. Im Zuge des

Visual Squash verschafft sich der Klient ein Bewusstsein über den inneren Konflikt und versucht, die positiven Absichten der jeweiligen Teile zu erkennen. Der Visual Squash eignet sich besonders gut für Situationen, in denen sich mehrere Handlungen blockieren oder negativ beeinflussen. Für viele Menschen ist dieser innere Kampf mit sich selbst eine Bremse in vielen Situationen des Alltags. Aus Angst, sich für die eine und gleichzeitig gegen eine andere Alternative entscheiden zu müssen, werden oft überhaupt keine Entscheidungen getroffen. Der Visual Squash kann dabei helfen, dieser „Vogel-Strauß – Kopf-in-den-Sand-Technik" den Kampf anzusagen.
Beispiel:
Klassische Beispiele aus dem Alltag für Konfliktsituationen mit sich selbst sind z. B. Antworten auf die Fragen:

- Wo möchte ich leben? In einer großen Metropole oder in einem beschaulichen Dorf?
- Wo möchte ich meinen nächsten Urlaub verbringen? Wandern in den Bergen oder entspannen am Meer?
- Was möchte ich heute zu Abend essen? Ein saftiges Steak oder doch einen gesunden Salat?
- Wie schaut meine Abendgestaltung aus? Bleibe ich zu Hause oder gehe ich ins Kino?

8.39 Wahrnehmungspositionen

Die Technik der Wahrnehmungspositionen 1-2-3 kann dabei helfen, eine Situation aus unterschiedlichen Blickwinkeln zu betrachten. Diese Betrachtungsweise aus den unterschiedlichen Perspektiven, der ICH-Position (oder 1. Position), der DU-Position (oder 2. Position) und der META-Position (oder 3. Position), erweitert deine Wahrnehmung. Du bekommst ein besseres Bild von dir und den Reaktionen aus deiner Umwelt. Dieses erweiterte Selbstbild hilft vor allem in Konfliktsituationen, durch neue kommunikative Fähigkeiten zu punkten und dein Verhalten und Auftreten zu verbessern.

KAPITEL 9: INTEGRATIONSTRANCEN

Während der NLP-Ausbildung bei ZHI hast du die Möglichkeit, dich mittels mehrerer Integrationstrancen selbst besser kennenzulernen und gezielt Inhalte zu verfestigen. Um diese bei Wunsch auch bewusst machen zu können haben wir hier die Transkription der Integrationstrancen beigefügt[12]. Sie alle sind Teil der „Metamorphose", einer geführten Meditationsreise für mehr Lebensqualität und persönliches Wachstum. Begib dich mit ihr auf eine Reise in tiefe, meditative Entspannung und lern verborgene Teile deines Selbst besser kennen und schätzen. In 8 aufeinander aufbauenden Traumreisen führt dich Benedikt Ahlfeld in die Tiefsten deines Selbst. Du erhältst zudem eine umfangreiche Anleitung, die genau erklärt, was bei den Reisen passiert und wie die Meditation abläuft. Bei jeder der Reisen ist ein Begleitskript dabei, das noch weiterführende Informationen in das Thema bietet und die Reflektion der Erfahrungen vereinfacht. Du kannst das Programm 2 Wochen testen und wenn du nicht zufrieden bist, bekommst du deine Investition zu 100% zurückerstattet. Probiere es einfach aus und bestell die Metmorphoses jetzt auf www.ZHI.at/produkte.

9.1 Kraft der Herkunft

Du findest dich wieder in einem wunderschönen Wald. Erforsche ihn. Du kannst ganz entspannt und frei atmen, denn es gibt nichts in diesem Wald, was dich stören könnte. Du bist hier völlig frei und ganz bei dir. Du durchforstest diesen Wald, seine geheimen Pfade und Wege und du spürst, ja du weißt tief in dir, dieser Wald ist schon seit langer, langer Zeit von keiner Menschenseele mehr besucht worden. Und je tiefer du in

---

[12] Die Ansprechform ist das „Du", damit die Metaphern besser im Unterbewusstsein ankommen.

den Wald vordringst, je mehr du dich in das Zentrum des Waldes begibst, umso intensiver wird dein Gefühl der tiefen Verbundenheit mit dir. Und dann kommst du in der Mitte des Waldes an, auf einer großen Lichtung und in der Mitte des Waldes, in der Mitte der Lichtung, steht ein uralter, sehr hoher Baum. Es ist dein Lebensbaum. Du trittst näher, du berührst seine Rinde und du kannst fühlen, wie angenehm es sich anspürt, diesen Baum entlangzustreichen. Es ist fast so, als würde der Baum eine Einladung flüstern und durch deine Hand, die an der Rinde des Baumes liegt, kannst du ein leichtes Vibrieren wahrnehmen. Ein sehr schönes Gefühl beginnt durch deine Fingerspitzen zu fließen. Und fast so wie die Wurzeln eines Baumes, durch die die Lebenskraft fließt, beginnt nun diese Kraft auch, durch deine Fingerspitzen zu fließen und in dich hinein. All deine Zellen füllen sie von innen heraus an. Und unter dir spürst du, wie du selbst beginnst, tief verwurzelt, in den Boden zu schlagen. Und je mehr du dich auf diese Energie konzentrierst, umso sicherer und geborgener fühlst du dich. Tiefe Wurzeln verbinden dich mit diesem uralten Wald und du selbst bist verbunden mit diesem Lebensbaum. Und dann beginnst du dich, auf dieses Gefühl komplett einzulassen, es wird dir bewusst, dass durch deine Beine die Energie deiner Eltern fließt, die zwei Wurzeln, die dich auf dieser Erde tragen. Und dann, tief im Boden, kannst du spüren, wie auch deine Eltern zwei Wurzeln geschlagen haben. Und es sind diese, die Wurzeln deiner Großeltern. Immer weiter, immer tiefer, verwurzelt sich deine Energie in den Boden. Und die Wurzeln deiner Großeltern dehnen sich aus, gehen tiefer in den Boden, verwurzeln sich mehr, bis du deine Urgroßeltern spürst. Immer weiter, immer tiefer, verwurzelt sich deine Lebenskraft in diesem uralten Wald. Und du aktivierst gleichermaßen all die Ressourcen um dich herum, die deine Ahnen an dich weitergetragen haben. Du bist verbunden mit jedem einzelnen von ihnen. Gib dieser Kraft in dir ein Symbol in Gedanken, das du immer abrufen kannst. Achte ganz genau darauf, wie dieses Symbol aussieht, wie es beschaffen ist, die Oberfläche des Materials, wie groß oder klein es ist, welche Farbe es hat, wenn es eine Farbe hat, welche Oberflächenstruktur. Vielleicht verbindest du mit diesem Symbol auch ein ganz bestimmtes Geräusch, einen Ton, eine Musik und wenn nicht, vielleicht kannst du einen Ton oder dein Lieblingslied nutzen, um diese Energie der Mitte zu verstärken. Und dann berührst du dein Symbol. Du fühlst, wie angenehm kühl oder warm es ist, spürst die Oberfläche, vielleicht pulsiert die Energie darin sogar. Vielleicht hat es sogar einen Geruch oder Geschmack. Und jetzt nimmst du dieses Symbol, du intensivierst dieses Gefühl, denn es ist dein Symbol und alles was du brauchst, um es noch intensiver zu machen, das tust du jetzt. Und wenn du soweit bist, wenn du das Gefühl hast, stärker kann dieses Gefühl nicht werden, dann integrierst du es in dir. Du machst es zu einem Teil deines Selbst. Und nun wird es Zeit, den Baum zu verlassen, deine Wurzeln wieder einzuziehen, aber mit ihnen nimmst du die ganze Kraft mit. Und auch deine Fingerspitzen und das Vibrieren darin lässt du langsam los, bis du wieder ganz bei dir bist. Und dann machst du dich auf den Weg, du machst dich auf den Weg in den Wald hinein und du kannst einen kleinen Bach in der Ferne hören. Du folgst diesem Geräusch, bis du den Bach gefunden hast. Und du folgst dem Bach. Es ist ein Weg durch den Wald, dem du folgst, bis du den Ursprung des kleinen Baches gefunden hast. Er führt dich in eine Höhle. Es ist ein Kraftplatz. Und mit dem letzten Licht, das durch die Öffnung hinter dir strahlt, kannst du erkennen: hier unten wartet ein unterirdischer See auf dich. Und du kannst erkennen am Ufer des Sees, ist ein kleines Boot. Es ist gerademl so groß, dass du dich hineinsetzen kannst. Und darin kannst du genug Polster finden, falls du sie brauchst, um dich bequem hineinzulegen. In dem Moment, wo du dich hineinlegst, überkommt dich ein tiefer Schlaf. Du bist sehr, sehr müde, als das Boot beginnt, langsam vom Ufer wegzutreiben. Und als du aufwachst, findest du dich wieder, bei schwachem Licht, das von überall herkommt, in der Mitte des Sees. Der Boden ist hier sehr flach und unter dem Wasser kannst du die Quelle erkennen, aus der das Wasser sprudelt. Überall um dich herum, auch im Wasser unter dir, sind Diamanten. Und du entdeckst einen Korb im Boot. Und du hast jetzt die Möglichkeit, diese Diamanten, die in den unterschiedlichsten Farben leuchten und funkeln, einzusammeln. Jeder dieser Diamanten steht für eine ganz besondere Ressource und vielleicht möchtest du davon ein paar davon mitnehmen. Wenn du willst, dann kannst du in diesem Quellwasser baden und dich aufladen. Oder du bleibst im Boot und sammelst von dort aus all die Diamanten ein, die du möchtest. Sie lösen sich ganz leicht, denn sie sind bereits für dich bestimmt. Und all die Farben, all die Diamanten, die dich ansprechen und die in deinem Korb noch fehlen, vielleicht weil du sie bisher auf deinem Weg verloren hast oder vergessen hast, dass es sie gibt, nimmst du sie jetzt mit. Du hast dafür zwei Minuten Zeit und diese Zeit entspricht all der Zeit, die du brauchst, um deine Diamanten in deinen Korb zu legen.

Und dann ist es Zeit, wenn du dein Boot verlassen hast, zurück zu kehren in dieses Boot und dich wieder hinzulegen in deinem Boot. Jetzt wo du all deine Diamanten eingesammelt hast und vielleicht auch den einen oder anderen wieder neu entdeckt hast. Und als das Boot beginnt, langsam von der Quelle fortzutreiben, überkommt dich ein sehr tiefer Schlaf, ein sehr tiefer Schlaf der Ruhe und Geborgenheit.

9.2 Symbol meiner Kraft

Völlig ohne Raum und Zeit. Du warst schon einmal hier. Hier bist du frei. Hier bist du ohne Körper. Hier bist du einfach nur eine Idee und der Gedanke allein genügt, um Realität zu erzeugen. Von dir einfach nur, weil du deinen Fokus darauf lenkst, entstand nun eine Linie durch die Zeit. Es ist die Zeit deines aktuellen Lebens hier und mit Leichtigkeit kannst du dich an jeden Punkt dieser Linie begeben und in diesen Punkt hineintreten. Diese Linie hat einen Anfang, den du bereits kennengelernt hast und auch ein Ende. Begib dich nun mit deinem Gefühl der Geborgenheit, das du schon tief in dir gefunden hast, über diese Linie. Du startest im Hier und Jetzt und du bewegst dich vor in Richtung Zukunft. Und du wirst an einem Punkt ankommen, wo du über dich selbst sagen kannst, „Ja, ich liebe meine Vision. Ich habe mein Ziel erreicht." Was immer das auch bedeuten mag, es fühlt sich für mich richtig an. In diesen Moment begibst du dich hinein und du erkennst die Bestimmung, die du in diesem Leben hast Realität werden lassen. Es offenbart sich dir so einfach als würdest du die Seiten in einem Buch aufschlagen. Es ist das Buch deines Lebens, das sich hier in diesem Moment in der Realität geformt hat. Nein, es ist nicht so, dass die Realität deine Vision geformt hat. Es ist so, dass die Realität in deine Vision hinein gewachsen ist. Es war die ursprüngliche Idee, die dich hierher geführt hat und es war die ursprüngliche Idee, die dich angetrieben hat, die dir Kraft gegeben hat. Es war deine Urmotivation. Und völlig frei wie du hier bist, erkennst du eine Brücke durch die Zeit genau in diesem Moment. Und diese Brücke durch die Zeit führt direkt zurück an den Beginn, wo du bereits warst, als du nur eine Zelle groß warst und die Idee gerade eben erst in dieses Fleisch, in dieses Leben, getreten ist. Und du erkennst: Es ist jetzt ganz klar und bewusst. Die Bestimmung, die sich hinter dieser Zeitlinie verbirgt, wenn du in deinem Buch des Lebens zwischen den Zeilen liest, dann ist dieser rote Faden, der dich von der Idee zur deine Lebensvision, zu deinem Ziel getragen hat, genauso geradlinig, wie die Zeitlinie selbst. Und wenn du dich auf den Weg machst. von diesem Moment aus über die Geburt und deine ersten Jahre auf dieser Welt bis über das Hier und Jetzt hinaus in die Zukunft direkt zurück zu deiner gelebten Vision, dann wird dir bewusst werden, dass du auch all die Abzweigungen und Umwege, die du vielleicht bisher für verlorene Zeit gehalten hast, in Wahrheit nichts anderes waren als natürliche und logische Bestimmungen. Und so findest auch du dich dann wieder in deiner Bestimmung und es überrascht dich nicht, in diesem Moment, wo du dein Metaziel lebst, deine Lebensvision real lässt, dass jedes Gefühl deiner Urmotivation, des Kerns deiner Idee, auch wieder ganz präsent ist. Du kannst nun diesen Moment ausfüllen mit dieser positiven Energie und tief in dir verankern. Und wenn du möchtest, dann kannst du dich dieser Bestimmung auch übergeben - genauso wie du all deine vitalen Körperfunktionen und dein Unterbewusstsein übergeben hast und es gibt nichts Essentielleres als den Atem. Und so kannst du für dich, wenn du möchtest, innerlich sagen: Ich werde geatmet. Oder du sagst auch: Ich bin geführt. Denn alles ist eine Entscheidung und du kannst dich jetzt entscheiden, dich deiner Bestimmung zu übergeben. Und mit dieser Gewissheit und Zuversicht bewegst du dich dann durch die Zeit, aus dem Moment deiner gelebten

Vision, zurück ins Hier und Jetzt. Und auf diesem Weg ins Hier und Jetzt werden dir alle notwendigen Ressourcen bewusst, alle Zwischenschritte und Ziele, die es gebraucht hat, vielleicht sogar die Hürden, die du zu nehmen hattest, die von der anderen Seite aus betrachtet, als es noch unbekannt war, wie eine große Blockade ausgesehen haben, wie ein unüberwindbarer Berg. Aber von dieser Seite aus betrachtet, rückwärtsgehend, war es ganz notwendig und natürlich und Wahrheit eine Unterstützung. Und so sammelst du all diese Ressourcen, so als würdest du Diamanten in deinen Korb legen, bis du dann zurück im Hier und Jetzt angekommen bist. Und während du diese Ressourcen sammelst und ins Hier und Jetzt zurückkehrst, in diesen Körper, in diesen Raum, in diese Zeit, zähle ich für dich von 10 bis 1.

9.3 Vision meines Lebens

Du schwebst durch das All, durch Raum und Zeit, ohne Grenzen. Zeit ist jetzt nicht mehr wichtig für dich. An diesem Ort werden Gedanken Realität. Du visualisierst eine Linie durch die Zeit, beginnend im Hier und Jetzt zurück in deine Vergangenheit. Und du wirst dich gleich auf den Weg machen, durch oder schwebend über diese Linie zurück in deine Vergangenheit. Und am Weg sammelst du all die glücklichen Momente ein, die du gehabt hast. Am Weg zu deiner Geburt werden dir nur folgende Momente bewusst: jene, wo du sehr, sehr glücklich warst, weil du etwas alleine oder mit anderen getan hast. Und im Moment deiner Geburt stoppst du und es bleibt nur das Gefühl der Geborgenheit und Sicherheit, wenn du dich dann wiederfindest im Mutterleib, absolut sicher und ruhig und ganz bei dir. Und wenn du jetzt gleich beginnst, diesen Weg zurück durch die Zeit zu gehen, dann wirst du bemerken, dass du in den nächsten zwei Minuten angekommen sein wirst im Leib deiner Mutter, aber diese zwei Minuten entsprechen all der Zeit, die du brauchst, um diesen Weg zurückzugehen und all die schönen Momente zu sammeln. Beginn deinen Weg in die Vergangenheit.

Und dann kommst du langsam an. Du findest dich wieder, sehr geborgen und sicher. Aber es geht weiter. Der Körper schrumpft, aber er ist nicht weniger wichtig, nein, genauso, vielleicht sogar mehr, geborgen und sicher fühlst du dich, während du beobachtest, wie immer weiter du durch die Zeit zurückgehst, bis du in dem Moment ankommst, wo du vielleicht gerademal so eine oder zwei Zellen groß bist. Und nun steigst du in diese Zellen hinein. Du liest die Information, die in diesen Zellen verborgen liegt. Mit Leichtigkeit und Freude, völlig ohne Bewertung, denn Bewerten ist dir hier noch völlig fremd, wirst du dir bewusst, welche Vision diese Zellen erfüllen, welche Idee diese Zelle zu erfüllen hat in diesem Leben und welche Vision sich alleine dadurch erfüllt, dass du erwächst, in sie hineinwächst. Du hast für diesen Prozess des achtsamen und bewussten Lesens eine Minute Zeit und das entspricht all der Zeit, die du dafür brauchst. Mache dich bereit und steige dann in diese Zelle hinein und lies, welche Information darin verborgen liegt, welche Idee.

Und du erkennst nun auch die Notwendigkeit aller Geschehnisse, gut wie schlecht, auf deinem bisherigen Weg. Sie alle haben dazu beigetragen, dass du heute hier bist. Es entspricht der Idee deiner Bestimmung. Diese Geschehnisse werden dir umso klarer und logischer, ja sie sind völlig natürlich, während du dich auf den Weg zurück zum Zeitpunkt des Hier und Jetzt auf deiner Linie machst. Dabei bleibst du emotional ruhig, geborgen und gelassen und selbst bei unschönen Erfahrungen. Denn auch wenn du sie nicht mehr wiederholen willst, so sind sie doch Teil deines Weges und damit in Ordnung. Und du siehst natürlich dabei, du spürst dabei, du erlebst, als wäre es wie gestern, auch all die schönen Momente dazwischen, die so viel Zeit in deinem Leben füllen, so viel Zeit in deinem Leben, die du damit befüllt hast. Und so streifst du, du schwebst über die Linie der Zeit zurück zum Moment des Hier und Jetzt. Und genau an dem Punkt, wo du dich zu Beginn wiedergefunden hast, ganz leicht und entspannt schwebend durch das All, findest du dich jetzt wieder durchgetreten hindurch das Portal.

GLOSSAR

Absicht	Ein Beweggrund als Auslöser für eine Handlung.
Abwehrmechanismus	Eine Definition aus der Psychoanalyse.
Accessing Cues	Zugangshinweise, welche einen Aufschluss auf das Repräsentationssystem einer Person geben.
Aktivität	Ein Meta-Programm; Bezeichnung für die Menge der investierten Energie zur Erreichung von Zielen.
(So) Als-ob-Rahmen	Eine Beschreibung des Vorganges, bei dem man sich so verhält, als ob etwas noch Ungeschehenes bereits erreicht wäre.
Altersprogression	Ein Verfahren in der Hypnose, welches eine Zeitreise in eine mögliche, real wirkende Zukunft suggestiert.
Altersregression	Ein Verfahren in der Hypnose, welches eine real wirkende Zeitreise in die Vergangenheit suggestiert.
Ambiguität (engl. Ambiguity)	Eine Bezeichnung für die Mehrdeutigkeit einer Aussage. Sie macht es notwendig, Kontext und Aussage miteinander abzugleichen.
Amnesie	Ein durch einen Unfall oder Schockzustand ausgelöster Teilverlust der Erinnerung.
Amplifikation	Eine Verstärkung von Submodalitäten, der qualitativen Untergliederung der Sinnesmodalitäten im NLP.
Analgesie	Ein künstlich hervorgerufenes Ausschalten des Schmerzempfindens.
analog	Definition für eine stufenlos oder kontinuierlich regelbare Sache.
analoges Markieren (engl. analogue marking)	Ein Anker ist die Verknüpfung einer bestimmten Reaktion mit einem Reiz.
analytische Hypnose	auch hypnodynamisch orientierte Psychotherapie, psychodynamische Hypnotherapie oder Hypnoanalyse;
Anästhesie	Ein künstlich hervorgerufener Zustand der Empfindungslosigkeit.
Anker (engl. anchor)	Ein Anker ist die Verknüpfung einer bestimmten Reaktion mit einem Reiz von außen.
Anker verketten (Chaining)	Diese NLP-Technik verkettet Anker miteinander, welche weit voneinander entfernt liegen.
Anker verschmelzen	Eine NLP-Technik zum Kombinieren von zwei unterschiedlichen, separat geankerten, Zuständen.

Anstellwinkel	Jener Winkel, den eine Zeitlinie zur Horizontalen aufweist.
Ashybsches Gesetz	Ein Gesetz aus den Erkenntnissen der Kybernetik, formuliert von William Ross Ashby.
Assoziiert sein	Eine mit den menschlichen Sinnen individuell erlebte Erfahrung.
assoziierte Stress-Reaktion	Eine Ausprägungsform der Stress-Reaktion bei welcher sich eine unter Stress stehende Person eher mitfühlend und körperbetont präsentiert.
Auditiv	Bezeichnung für den Hörsinn und eine weit verbreitete Beschreibung für alles was das Hören im weitesten Sinn betrifft.
aufdeckende Hypnose	Eine Form der Hypnoanalyse, bei welcher emotionale Konflikte aus dem Unterbewusstsein aufgedeckt werden können.
Aufmerksamkeit	Ein Meta-Programm; Bezeichnung für die Fokussierung auf eine Person.
(auf sich) selbstbezogene Aufmerksamkeit	Eine Ausprägungsform der Aufmerksamkeit, mit dem Fokus auf sich selbst.
Augen-Zähl-Methode	Dabei zählt der Hypnotiseur von Hundert rückwärts.
Augenfixation	Eine Form der direkten Hypnose, bei der es durch das „Anstarren" eines Objektes zu einer Ermüdung der Augenmuskulatur kommt.
Augenzugangshinweise (Augenbewegungsmuster)	Bewusste oder unbewusste Bewegungen der Augen, welche einen Hinweis über das gerade aktivierte Repräsentationssystem eines Menschen geben.
Ausgedehnte Zitate	Ein spezielles Sprachmuster, welches mehrere Rahmenhandlungen gegenseitig ineinander verschachtelt.
Ausrichtung	Ein Meta-Programm; Eine Information über die Reaktionen und Herangehensweise bei Problemen.
Ausspinnen	Eine Option zur Strategieunterbrechung.
Autogenes Training	Eine weit verbreitete Entspannungsmethode zur Selbstentspannung, entwickelt von J. H. Schultz, mit dem Ziel durch Konzentrationsübungen eine größere Beherrschung der automatisieren Körperfunktionen zu erlangen.
Autosuggestion	Eine Form der Selbsteinredung durch eine von sich selbst hervorgerufene Beeinflussung des eigenen Urteilsvermögens.

Axiome	Ein Axiom ist ein Grundsatz einer Wissenschaft oder einer Theorie, welcher beweislos vorausgesetzt wird.
B.A.G.E.L-Modell	Ein Modell des NLP, welches sich mit den äußerlich erkennbaren Signalen, die bei einem Menschen wahrgenommen werden können beschäftigt.
Backtrack	Ein „Zurückgehen" auf einem bekannten Weg, in dem durch die Verwendung von Schlüsselwörtern und das Vortäuschen des Tonfalls anderer Gesprächspartner etwas Bekanntes aus der Vergangenheit zusammengefasst oder wiederholt wird.
Bandler Richard	Mitgründer der NLP-Technik gemeinsam mit John Grinder.
Bedeutungsrefraiming	Situation und Kontext eines Gedanken oder einer Aussage, welche weiterhin bestehen bleibt, sich die Gefühlsebene zu diesem Ereignis aber neu interpretiert.
Bereichsmehrdeutigkeit	Eine nähere Bestimmung in einem Satz, bei welchem eine Unklarheit besteht, auf welche Person oder auf welches Ding sich ein Satzteil bezieht.
Between-Time	Eine Ausprägungsform der Zeitlinie die eine Kombination der In-Time und Through-Time Orientierung darstellt.
Blitzinduktion	Eine schnelle Form der Hypnose, mit welcher ein Trancezustand in nur wenigen Sekunden erreicht werden kann.
Bodenanker	Meist mit Hilfe von Zetteln, auf dem Boden angebrachte Kennzeichen, welche für einen Zeitpunkt, einen Zustand oder ein Ereignis stehen.
Chaining Prozess (Anker verketten)	Diese NLP-Technik verkettet Anker miteinander, welche weit voneinander entfernt liegen.
Change History	Eine Methode um bereits geschehene Ereignisse durch eine Timeline neu zu bewerten und neu zu erleben.
Chunkgröße	Ein Meta-Programm; Eine bestimmte Vorliebe um Informationen aufzunehmen und zu verarbeiten.
Chunking / Chunks	Die Betrachtungsweise in unterschiedlichen Bedeutungsebenen.
Coaching	Ein begleitendes Lehren bzw. Fördern einer Person zu einem bestimmten Anlass durch einen ausgebildeten Coach
Core Beliefs	Die für einen Menschen wichtigsten Glaubenssätze, welche im Regelfall eng mit der persönlichen Identität verbunden sind.

Core-Transformation	Eine Methode, mit dem Ziel, das Befinden der absoluten Erfüllung zu erleben und dadurch eine unerwünschte Emotion oder ein Verhalten zu verändern.
Cross-Over-Pacing	Darunter versteht man, ein Spiegeln der Körpersprache einer anderen Person durch andere Bewegungen
De-Hypno-Fragen	Ziel der De-Hypno-Frage ist es, die Aufmerksamkeit einer Person von der persönlichen, gefestigten Landkarte abzuwenden und sich wieder auf die aktuellen Erfahrungen der Sinne zu konzentrieren und dadurch die Landkarte neu auszulegen.
De-Hypno-Talk	Ziel des De-Hypno-Talks ist es, dramatische Trancen aufzulösen und stattdessen eine trinergetische Lösungstrance durchzuführen.
Detail-orientierte Chunkgröße	Eine Ausprägungsform der Chunkgröße, bei welcher primär die Details im Fokus stehen, um sich ein genaues Bild machen zu können.
Diamond-Technik	Eine begleitende Kreativitäts- und Problembearbeitungstechnik des NLP, welche nicht die eigentliche Problemlösung verfolgt sondern vielmehr das Ziel hat, dieses durch neu gewonnene Einsichten und Standpunkten anders zu verstehen.
Dilts, Robert	Entwickler wichtiger NLP Modelle wie das Modell der logischen Ebenen und der Walt-Disney-Strategie.
Direkte Methoden	Jene Form der Hypnose, bei welcher sich die Aufmerksamkeit auf eine einzelne Sache fokussiert.
Disney Strategie	Ein Modell zur Steigerung der Kreativität, welches sich auf Walt Disney zurückführen lässt.
Dissoziation	Eine Bezeichnung für eine Abspaltung oder Trennung, bei der sich das Bewusstsein nicht auf das Ganze, sondern auf einzelne Elemente ausrichtet und dabei alle anderen Komponenten ausblendet.
Dissoziierte Stress-Reaktion	Eine Ausprägungsform der Stress-Reaktion, bei welcher Personen die unter Stress stehen, eher kognitiv gesteuert sind.
Doppel-Induktion	Darunter versteht man eine Basis-Konfusionstechnik aus dem Fachbereich der Hypnose.
Double-Bind	Darunter versteht man eine doppelte Bindung.
Down-Time	Ein Gefühlszustand von starker Insichkehrung und einer intensiven Wahrnehmung der persönlichen Emotionen.

Drama-Dynamik	Eine typische Skalierung jeder Konfliktsituation.
DVNLP	Deutscher Verband für Neuro-Linguistisches Programmieren e. V.
Eingebettete Anweisung / Erfüllungsbedingungen	Ein bestimmtes Sprachmuster mit einer direkten Anweisung an eine Person.
Einstellung	Die innere Bereitschaft einer Person, um bestimmten externen Reizen gleichbleibend im positiven oder negativen Sinn zu entgegnen.
Elizitieren	Teil des B.A.G.E.L. Modells.
Emotion	Eine 198de rein198e Gemütsbewegung, welche durch eine bewusste oder unbewusste Perzeption (Wahrnehmung) einer Situation oder eines Ereignisses ausgelöst wird.
Energiefeld	Ein Modell des NLP, bei welchem es ausschließlich, um die bewusste Beeinflussung und Wahrnehmung der persönlichen Ausstrahlung über die fünf Sinneskanäle geht.
Entscheidung	Ein Meta-Programm mit dem Ziel, Informationen über die Entscheidungsfindung zu 198de rein.
Entscheidungsstrategie	Ein Prozess zur Entscheidungsfindung mit dem Ziel, am Prozessende eine Entscheidung zu treffen oder eine Handlung auszuführen.
Evozieren	Bedeutung 1: Eine Prozessbeschreibung, um eine Person in einen bestimmten Zustand zu versetzen Bedeutung 2: das Erkunden von Strategien
externe Referenz	Eine Ausprägungsform der Referenz, bei welcher die Dinge vor allem nach den Maßstäben der Umwelt und der Überzeugung und Meinung anderer Menschen bewertet werden.
Exzellenz	Eine besondere Leistung 198de rein einzigartiger, Ressourcen voller Gemütszustand.
Fähigkeit	Ein besonderes Talent oder eine erfolgsversprechende Strategie, die dabei hilft, eine Aufgabe mit dem Einsatz von wenigen persönlichen Ressourcen zu erledigen.
Familienaufstellung	Eine Maßnahme zur Verdeutlichung von Strukturen, Beziehungen und Interaktionsmuster in Familien.
Fast-Phobia	Eine NLP-Technik die es ermöglicht Phobien in nur wenigen Minuten dauerhaft zu beseitigen.
Feedback	Eine Rückmeldung über das Verhalten.
Feedback-Schleife	Das Resultat aus einem logischen Verlauf von Aktion und Reaktion.

Fehlender Bezugsindex	Dabei fehlt bei einem Satzteil oder Wort der direkte Bezug zur wirklichen Begebenheit.
Filter	Die Wahrnehmung wir bewusst oder unbewusst verändert.
Flow	Ein assoziierter Zustand des Verhaltens, bei welchem eine gestellte Aufgabe die persönlichen Fähigkeiten leicht überstrapaziert.
Format	Eine Art Gebrauchsanweisung für die NLP-Intervention in Form eines vorgegebenen Rahmens.
Framing	Die in einem Kontext oder Rahmen zu sehende Betrachtungsweise einer Sache.
Fremdbezogene Aufmerksamkeit	Eine Ausprägungsform der Aufmerksamkeit mit dem Fokus auf andere Personen.
Fremdgefühle	Durch Identifikation werden nicht die eigenen Gefühle erlebt, sondern die Gefühle von anderen nahestehenden Personen übernommen.
Fritz Perls	Erschaffer der Gestalttherapie
Führen	Ein Modell des NLP, bei welchem durch gezielte Führung eine Verhaltensänderung einer Person angestrebt wird.
Führungssystem	Jenes Repräsentationssystem, welches als erstes Informationen erkennt, mit dem Ziel diese ins Bewusstsein einzugeben.
Future Chaining	Eine von Roman Braun entwickelte Methode aus der Time Line Therapy.
Future Pace	Ein Blick in die Zukunft, welcher immer wieder im Kopf durchgespielt wird, um sicherzustellen, im Ernstfall problemlos das erwünschte Verhalten einsetzen zu können.
Gedankenlesen	Eine Behauptung darüber, die Gefühle oder Gedanken anderer Menschen zu kennen, ohne sich selbst erklären zu kennen, wie man dieses Wissen erlangt hat.
Gefühlskategorien	Eine Kategorisierung der Gefühle nach Primärgefühle, Sekundärgefühle und Fremdgefühle.
Gegenwart (orientierte) Zeitorientierung	Eine Ausprägungsform der Zeitorientierung mit dem Ziel, die aktuellen Probleme sofort zu lösen.
Generalisierender Referenzindex	Substantive in der Mehrzahl, welche sich wie eine Universalaussage auf eine ganze Gruppe beziehen können z. B. „Franzosen sind Feinschmecker."

Generalisierung	Ein kognitiv ausgelöster Vorgang der Verallgemeinerung von Sachverhalten.
Generative Veränderung	Eine Veränderung, bei welcher es dem Patienten gelingt nicht nur beklagte Leiden aufzugeben, sondern diese Veränderung als neue Verhaltensweise zu erwerben.
Gestalttherapie	Eine unter anderem auf Fritz Perl zurückzuführende Form der Psychotherapie mit erlebnisaktiverendem Ziel.
Gilligan Stephen	Ein Hypnotherapeut der ersten Stunde, welcher bereits sehr früh die Techniken des NLP für sich entdeckte.
Glaubenssatz / Believe	Subjektive Generalisierungen, zu verschiedenen Themenbereichen, basierend auf persönliche Erfahrungen oder Meinungen von Mitmenschen.
Glaubenssystem	Ein auf die einzelnen Glaubenssätze eines Menschen aufbauendes Netzwerk.
Gleichheit	Eine Ausprägungsform des Vergleiches, bei welchem in der eigenen Umgebung und bei anderen Menschen in erster Linie vertraute Dinge wahrgenommen werden.
Graveslevel	Eine Darstellung über die menschliche Wertentwicklung.
Grinder John	Mit Richard Bandler zusammen Mitbegründer des NLP (ab 1974).
Grundannahmen des NLP	Als gegebenen angenommene wichtige Axiome oder Glaubenssätze, welche den Grundstein des NLP darstellen.
Gustatorisch	Einer der fünf Sinneskanäle.
Handshake Induction	Eine schnelle, nonverbale Form der Trance, in welcher man jemandem vorgibt die Hand geben zu wollen, aber nicht die Absicht hat ihn zu begrüßen.
heterogene Hypnose	Eine durch einen Hypnotiseur hervorgerufene Trance.
Hin-Zu (ausgeprägte) Motivation	Eine Ausprägungsform der Motivation.
Hypno-Rhetorik	Ziel ist die Aktualisierung der Primär-Energien.
Hypno-Talk	Ein auf das Milton-Modell basierendes kunstvolles Sprachmuster.
Hypnoanalyse	auch hypnodynamisch orientierte Psychotherapie, psychodynamische Hypnotherapie oder analytische Hypnose;

Hypnodrama	Die Verbindung von Psychodrama und Hypnose.
hypnodynamisch orientierte Psychotherapie	auch Hypnoanalyse, psychodynamische Hypnotherapie oder analytische Hypnose;
Hypnolog	Ein Prozess, bei welchem hervorgegangene Trancen hinterfragt werden und stattdessen zu nützlicheren, neuen aufgefordert wird.
Hypnose	Die Technik um jemanden in Trance zu versetzen.
Hypnosepsychotherapie	eine anerkannte Psychotherapierichtung basierend auf die Tiefenpsychologie
Hypnotisand	Der Klient oder der Patient, welcher sich mit Hilfe des Hypnotiseurs in den Zustand der Hypnose begibt.
Hypnotische Sprachmuster	Ein weit verbreitetes Sprachmuster zur Aufrechterhaltung von Trancezuständen. (Milton-Modell)
Hypnotiseur	Jene Person die eine andere Person in den Trancezustand der Hypnose versetzt.
Hypotaxie	Ein mitteltiefer Trancezustand der durch unsuggestierte Katalepsie gekennzeichnet ist.
Identität	Die Besonderheit eines Menschen und die Unterscheidung zu einem anderen Menschen.
Imprint	Eine Prägung 2011exible noch tief sitzender Anker der Vergangenheit, welcher Handlungen oder Erlebnisse in der Gegenwart steuert.
In-Time	Eine spezielle Ausprägungsform der Zeitlinie.
Induktion	Einführung in die Trance
Ineinander-Übergehen von zwei Sätzen	Dabei wird das letzte Wort eines Satzes als Anfangswort für einen neuen Satz verwendet.
Informative Entscheidungen	Eine Ausprägungsform der Entscheidungsfindung bei 2011exibl Mindestmaß an Information notwendig ist, um eine 2011exible201ve hochwertige Entscheidung treffen zu können.
Inhalts-Reframing	Ein Sprachmuster 2011exibl die Bedeutung einer Aussage, durch die Fokussierung auf einen bestimmten Teil des Satzes, verändert wird.
INLPTA	Weltweit größter und angesehenster NLP-Verband – die International NLP Trainers Association
innere Ressourcen	Gegenstück zu äußeren Ressourcen.
Internale Repräsentation	Eine Bezeichnung für im eigenen Kopf erzeugte Impressionen in der Darstellungsform als Bilder,

	Gefühle, Gerüche, Klänge und Geschmäcker.
Interne Referenz	Eine Ausprägungsform der Referenz bei der Dinge anhand eigener Erfahrungen, Kritiken, Meinungen und Werte bewertet werden.
Intervention	Findet unter anderem im Konfliktmanagement oder in der Paartherapie seinen Einsatz.
Intuitive Entscheidungen	Eine Ausprägungsform der Entscheidungsfindung bei der Menschen aus dem Bauch heraus, oftmals hitzköpfig und spontan handeln.
ISL – Integrated Speed Learning®	Eine von Benedikt Ahlfeld entwickelte Lernmethode, die ermöglicht neu erlerntes Wissen besonders schnell in den Alltag zu integrieren und die exklusiv bei ZHI angewendet wird.
ITA	Abkürzung für die International TRINERGY Association
Kalibrieren	Ein präzises Bewusstsein über das Befinden einer anderen Person, welches ausschließlich durch nonverbale Signale, über die Körpersprache, gelesen wird.
Katalepsie	Ein Starrzustand von Körperteilen, welcher in der Hypnose durch Beeinflussung hervorgerufen wird.
Kinästhetisch	Ein Begriff zur allgemeinen Umschreibung des Tastsinns, sowohl von äußeren Wahrnehmungen als auch inneren Emotionen.
Kognition	Die gedanklich bewusste Prozesssteuerung eines Menschen wie z. B. der Denkprozess.
Kommunikationstechniken	Unterstützende, bewusst eingesetzte Methoden zur Optimierung der Kommunikation. Basis des NLP.
Kompensation	Etwas bewusst oder unbewusst mit etwas Anderem ausgleichen.
Konditionieren / Konditionierung	Ebenso wie Menschen unbewusst lernen, kann man auch unbewusst konditioniert werden.
Konfiguration	Gestaltungsform im räumlichen Sinn zur Anordnung von Zeitlinien.
Konflikt	Miteinander unvereinbare Wertvorstellungen, Zielsetzungen oder Interessen.
Kongruenz	Vermittelte Botschaften und die damit verbundene Körpersprache ergänzen sich und sind nicht widersprüchlich.
Kontextreframing	Den Kontext einer Aussage auszuwechseln oder zu verändern, mit dem Ziel der Aussage einen anderen

	Ausdruck zu verleihen.
Körper-Geist-Verbindung	Eine Übung, welche aufzeigt, wie dein Körper in der Lage ist innerhalb kürzester Zeit ein präzises Ziel umzusetzen.
Kriterien	In einem Kontext zu betrachtende Richtlinien oder Rahmenbedingungen, welche uns bei der Entscheidungsfindung behilflich sind.
Kriteriums-Äquivalenz	Eine Gegebenheit, welche die Anforderungen eines Kriteriums erfüllt.
Kritische Submodalität	Ein kraftvoller Eingriff in die Erfahrungswerte eines Menschen, welcher starke Veränderungen in unserer Erlebniswelt auslöst.
Kybernetik	Wissenschaft zur Regelung und Steuerung von Maschinen, sozialen Organisationen und lebenden Organismen
Leading	Die Veränderung eigener Verhaltensweisen (oft nonverbal), welche eine Verhaltensänderung einer anderen Person bezwecken soll.
Leadsystem / Leitsystem	Begriff für ein Führungssystem
Leerhypnose	Eine Form der Hypnose, bei welcher nach der Einleitungsphase keine Suggestionen mehr gegeben werden, solange bis es zu einer Auflösung der Trance kommt.
Lernstil	Ein Meta-Programm, welches sich mit dem Begreifen und Lernen von neuen Informationen beschäftigt.
Lerntypen	Jeder Mensch nimmt Information auf eine bestimmte Art und Weise, geprägt von den Sinneskanälen auf.
Linguistik, linguistisch	Die Sprachwissenschaft zur Untersuchung der gesprochenen, menschlichen Sprache in Bezug auf Bedeutung, Entwicklung und Herkunft, um daraus Theorien ableiten zu können.
LOB	Lösungs-Orientiertes-Beraten.
Logische Ebenen	Die logischen Ebenen werden im NLP als „Ebenen der Veränderung" bezeichnet
lösungsorientierte Ausrichtung	Eine Ausprägungsform der Ausrichtung bei der die Lösungsfindung im Fokus steht.
Makrostrategie	Eine grobe Beschreibung über die schrittweise Gliederung eines Zieles oder einer Aufgabe.
Matching	Darunter versteht man, das bewusste Anpassen und Angleichen an das Verhalten einer Person.
Mentor	Ein Vorbild, eine lehrende Person 203lexible Leitbild,

	welche sowohl eine beratende als auch lehrende Funktion erfüllen kann.
Mentor-Technik	Ein Format des NLP mit dem Ziel neue Ressourcen und Sichtweisen für sich selbst zu erhalten.
Mesmerisieren	Ein alter Ausdruck für den Begriff der Hypnose, welcher vor allem noch in der englischen Sprache verwendet wird.
Meta-Ebene	Eine Betrachtungsweise, welche das System stets als ein zusammengehörendes Ganzes darstellt.
Meta-Modell	Eine Schematik zum Erkennen von Sprachmustern und ein beliebtes Werkzeug um dort nachzufragen, wo Information fehlt.
Meta-Programme	Im NLP sind Meta-Programme der Schlüssel für die Analyse der Informationsverarbeitung von Menschen.
Metapher	Form der indirekten Kommunikation mit Hilfe einer Sprachfigur oder einer Geschichte.
Metaziel	Ein definiertes Ziel, welches sich über oder hinter einem andern Ziel befindet.
Mikrostrategie	Eine präzise Beschreibung über die Herangehensweise zur Erreichung eines Ziels oder einer Aufgabe, auch unter Berücksichtigung der Verarbeitungsweisen von Sinneswahrnehmungen.
Milton-Modell	Das Milton Modell des NLP ist tatsächlich die Umkehrung des Meta-Modells
Mismatching	Sich in einem Kommunikationsprozess bewusst nicht einer anderen Person anzupassen, mit dem Ziel das Gespräch zu unterbrechen, zu beenden oder in eine andere Richtung zu lenken.
Modalitäten	Darunter versteht man die Repräsentationssysteme, unsere fünf Sinneskanäle, welche ein Mensch für die Informationsaufnahme nutzt
Modaloperator	Eine Sammlung von Verben: außerstande, vermögen, es ist nicht möglich, sollen, können, dürfen.
Modaloperator der Möglichkeit	Eine sprachliche Verbbezeichnung, welche etwas als unmöglich oder möglich klassifizieren. Z. B. darf vs. darf nicht, kann vs. kann nicht
Modaloperator der Notwendigkeit	Eine sprachliche Bezeichnung für spezifische Ausdrücke.
Modell	Eine vereinfachte Darstellung der Wirklichkeit mit dem Ziel, aufgrund von Parallelitäten des Modells mit der Wirklichkeit, nützliche Informationen oder Handlungen

	abzuleiten.
Modellieren, Modelling	Das Identifizieren und Imitieren der Überlegungen eines Menschen, welcher ein besonderes Talent besitzt oder eine ihm gestellte Aufgabe einzigartig erledigt.
Möglichkeit	Eine Ausprägungsform der Orientierung geprägt durch die Suche nach neuen Chancen und Möglichkeiten.
Moment of Excellence	Ein Augenblick in welchem eine Person auf all ihre Ressourcen zugreifen kann und dadurch alle Anforderungen und Aufgaben uneingeschränkt bewältigen kann.
Motivation	Ein Meta-Programm; Darunter verbirgt sich ein positiv angehauchter Beweggrund eine Sache zu erledigen.
NeoNLP oder newCode NLP	Eine Methode zur Sicherung effektiverer Kommunikationstechniken, oftmals „erneuerte NLP"
Nested Loops	Ein Netzwerk von miteinander verketteter Geschichten.
Neuro	Eine Beschreibung für alle Themen, welche sich mit Gedankengängen und dem Gehirn im weitesten Sinn beschäftigen.
Neuro-Linguistisches Programmieren (NLP)	Zusammenfassung von Kommunikationstechniken und Methoden mit dem Ziel, auf die Psyche bezogene Handlungen des Menschen zu beeinflussen.
Neurologisch	Die Steuerung des menschlichen Verhaltens und der Wahrnehmung über gehirn- und nervengesteuerte Prozesse.
Neurologische Ebenen	Eine Beschreibung im NLP für die „Ebenen der Veränderung".
Neutral-orientierte Chunkgröße	Eine Ausprägungsform der Chunkgröße, bei der eine gute Mischung zwischen Detail und Überblick angestrebt wird, um nicht nur den Prozess und das System im Auge zu behalten, sondern – wenn nötig – auch in den detaillierten Ablauf einzusteigen, um dort 205flexibel zu intervenieren.
Neutrale Aktivität	Eine Ausprägungsform der Aktivität, bei welcher die Motivation besteht, etwas für die eigenen Wünsche zu tun, aber gleichzeitig die Reaktionen anderer auf das eigene Handeln berücksichtigt wird.
Neutrale Aufmerksamkeit	Eine ausgewogene Ausprägungsform der Aufmerksamkeit.
Neutrale Ausrichtung	Eine Ausprägungsform der Ausrichtung, bei welcher nicht nur die Ursache eines Problems hinterfragt wird, sondern gleichzeitig auch ein Lösungsansatz gefunden

werden soll.

neutrale Entscheidungen	Eine Ausprägungsform der Entscheidungsfindung, bei der eine ausgewogene Balance zwischen Intuition und Information besteht, um eine qualitativ hochwertige Entscheidung treffen zu können und dennoch das Bauchgefühl als Entscheidungsträger nicht vernachlässigt wird.
neutrale Motivation	Eine Ausprägungsform der Motivation, bei jener sich die Person je nach Umständen entweder negativ oder positiv motiviert.
neutrale Orientierung	Eine Ausprägungsform der Orientierung, bei der die Person abhängig vom Kontext entweder durch das Erreichen von neuen Chancen und Optionen motiviert wird oder durch das erzwungene Erfüllen einer Aufgabe.
neutrale Referenz	Eine Ausprägungsform der Referenz, bei welcher die Person in ihrer Meinungsbildung und Entscheidungsfähigkeit zwischen eigenen Richtlinien und äußeren Gegebenheiten schwankt.
neutrale Stress-Reaktion	Eine Ausprägungsform der Stress-Reaktion.
neutraler Vergleich	Eine Ausprägungsform des Vergleiches, mit zwei unterschiedlichen Typen.
New Behavior Generator	Ein Format des NLP mit dem Ziel, neues Verhalten zu erlernen.
NLP-Coach / DVNLP	Ein Abschluss einer NLP Ausbildung mit dem Ziel, die erlernten Fähigkeiten als Coach einzusetzen, um anderen Personen in die Welt des NLP einzuführen.
NLP-Master / NLP Master-Practitioner	Ein Abschluss einer NLP Ausbildung.
NLP-Practitioner	Eine Basis- und Grundausbildung des NLP.
NLP-Trainer	Einer der höheren Abschlüsse in der NLP Ausbildung.
Nominalisierung	Darunter versteht man, die Umwandlung eines Verbs oder Adjektivs in ein Hauptwort bzw. Nomen.
Nonverbal	Die sprachlose Form der Kommunikation, bei welcher der Körper in der Form der Körpersprache, das Sprachrohr darstellt.
Notwendigkeit	Eine Ausprägungsform der Orientierung.

Oberflächenstruktur	Eine Beschreibung für die Sprachgestalt in verschiedenen Ausprägungen, welche durch Generalisierung, Tilgung und Verzerrung aus der Tiefenstruktur bzw. der gesamtheitlichen Betrachtungsweise einer Aussage aus linguistischer Sicht entsteht.
Ökologischer-Check / Öko-Check	Die Kontrolle individueller Verhaltensweisen und Ziele auf ihren Effekt auf andere übergeordnete Systeme und Kontexte z. B. auf die Umwelt, Familie usw.
olfaktorisch	Einer der fünf Sinneskanäle, welcher sich mit allen Themen rund, um den Geruchssinn beschäftigt.
Opfer	Eine Ausprägungsform der Rollen-Konstellation, in welcher die Rolle eine äußerst schwache Position übernimmt, doch in der Lage ist Verantwortung abzugeben und Reue zu empfinden.
Orientierung	Ein Meta-Programm; Darunter versteht man die Begriffserklärung dafür, ob eine Person eher nach Unlustvermeidung oder nach Lustgewinn handelt und ob das Leben eher nach Chancen- oder Zwänge ausgerichtet ist.
Outframing von Glaubenssätzen	Ein Prozess zur Findung, Definition und Stabilisierung von neuen Glaubenssätzen.
Outing	Die drei Unterscheidungsformen des Outings, welche situationsabhängig gewählt werden: Eigenwahrnehmung, Kommentar zu sich selbst geben, Äußerung eines Kommentars.
Pacing	Ein Begriff für die Umschreibung des Spiegelns.
Parts Party	Ein kompliziertes Integrations-Rollenspiel, bei welchem einer Person durch die Gruppe, eine Feier seiner Anteile der Persönlichkeit dargestellt werden.
Pattern Interrupt	Hervorgerufene Unterbrechung einer Emotion oder eines Verhaltens.
Physiologie	Ein von der äußeren Sichtweise beobachtender nicht sprachlicher Teil eines inneren Zustandes, in der Form von Klang der Stimme, Durchblutung, Bewegungen usw..
POL	Ein von Roman Braun, zur Erweiterung des klassischen Rapports, entwickeltes Modell des NLP mit den Schwerpunkten Pacing, Outing, Leading.

Positive Absicht	Eine Grundannahme des NLP, welche davon ausgeht, dass sich hinter jedem Teil und jedem Verhalten stets eine positive Absicht verbirgt.
Posthypnotische Suggestion	Eine Form der Willenslenkung in der Hypnose aus welcher in einem zweiten Schritt eine Trance hervorgerufen werden kann.
Postulate	Nicht beweisbare oder nicht unmittelbar einsichtige Bausteine eines Denksystems, welche jedoch als unentbehrlich wahrgenommen werden.
Praliné-Muster	Ein Ideal, um mehr Motivation in einer Angelegenheit zu erlangen, welche man gezwungen ist zu tun, aber nur mit Widerwille erledigt.
Praliné-Muster	Kommt im NLP zur Motivationssteigerung zum Einsatz. Der Vorgang erfolgt mit Hilfe von Submodalitätenarbeit.
Präsuppositionen	Darunter versteht man stillschweigende Vorannahmen, auf welche jedes Modell und jede Deutungsgebung beruht, wie z. B. Vermutungen, Gedanken, Ideen, das grundlegende Weltmodell oder dem Kontext in dem etwas stattfindet.
Preframe	Eine Vorankündigung, welche eine Person in einen spezifischen Zustand der Erwartung versetzt.
Primärgefühle	Emotionen, welche als erstes eine Antwort oder eine Reaktion auf unsere Umwelt darstellen.
Proaktiv	Eine Ausprägungsform der Aktivität, bei welcher der Wunsch besteht aktiv etwas zu erschaffen.
Problemorientierte Ausrichtung	Eine Ausprägungsform der Ausrichtung mit dem Fokus auf ein bekanntes oder zu erwartendes Problem.
Problemphysiologie	Eine Form der Physiologie, welche einer Person anzeigt, wenn sich ein Problem bemerkbar macht.
Programmierung	Strukturierte Veränderung von eingeprägten Verhaltens- und Denkweisen.
Psychodynamische Hypnotherapie	auch hypnodynamisch orientierte Psychotherapie, Hypnoanalyse oder analytische Hypnose;
R.O.L.E.-Modell	Ein Modell, welches die grundlegenden Bestandteile beim Vorgang des Modellierens von kognitiven Prozessen beschreibt.
Rapid Relaxation Technik	Eine Technik, um einen schnellen Zustand der Entspannung herbeizuführen.

Rapport	Bezeichnet die „Gleichheit" von Menschen, meist auch nonverbal von außen durch gleiche Körperhaltung zu erkennen.
Rapportbruch	Ein bewusster oder unbewusster Abbruch eines existierenden Rapports.
Re-Imprinting	Eine Form der Neuprägung mit dem Ziel, negative Erlebnisse, meist aus der Kindheit, aufzudecken und ihnen die Wirkungskraft zu rauben.
Reaktionsbildung	Ein psychologischer Abwehrmechanismus, welcher unbewusst durch entgegengesetzte Verhaltensweisen Impulse abwehrt.
reaktiv	Eine Ausprägungsform der Aktivität, in der Form des passiven Handelns.
Realitätsstrategie	Eine taktische Vorgehensweise zur Ursprungsüberprüfung von erlebten Szenen.
Referenz	Ein Meta-Programm mit dem Ziel, sich ein Bild darüber zu machen, ob Urteile und Entscheidungen aus eigener Überzeugung heraus oder abhängig von dem Denken anderer getroffen werden.
Referenzsystem	Ein Repräsentationssystem, mit dem eine Person die Korrektheit einer Erfahrung und die Echtheit abgerufener Informationen kontrolliert.
Refernzerlebnisse	Ereignisse des Alltags oder unvorhersehbare Schicksalsschläge, die Menschen dazu anhalten, geltende Glaubenssätze zu verändern oder neue zu bilden.
Reframing	Darunter versteht man das Umdeuten einer Mitteilung in Form des Bedeutungsreframings oder Kontextreframings.
Regression	Ein Abwehrmechanisums, mit dem Ziel der Angstbewältigung durch den Rückzug auf eine frühere Entwicklungsstufe.
Repräsentationssystem	Die Form, in welcher Menschen Informationen kognitiv in ihren Sinneskanälen verschlüsseln.
Ressource State	Ein positives Stadium mit der Information über den persönlichen Stand der verfügbaren Ressourcen.
Ressourcen	Verfügbare Kraftquellen (Fähigkeiten, Energien usw.), die einem Menschen dabei helfen, ein angestrebtes Ziel zu erreichen.

Ressourcenphysiologie	Ein nach außen reflektierender Zustand eines intensiven Ressourcen-Fokus.
Retter	Eine Ausprägungsform der Rollen-Konstellation, bei welcher die Rolle oft ungefragt die Verantwortung für das Problem des Opfers übernimmt ohne einen echten Auftrag dafür bekommen zu haben.
Rollen-Konstellation	Ein Meta-Programm, welches Informationen über das Rollenverhalten einer Person gibt.
Satir, Virginia	Eine bedeutende Familientherapeutin aus den USA. († 1988)
Schoppenhauer-Modell	Ein Modell zur Aktualisierung und Neuorientierung der Werte und Glaubenssätze.
Sekundärgefühle	Emotionen, die gegenüber den automatisch auftretenden Primärgefühlen vorgezogen werden.
Selbsthypnose	(auch Autohypnose) bezeichnet die Art der Hypnose, wenn sich eine Person ohne Fremdhilfe in einen Trancezustand versetzen kann.
Selbstwertgefühl	Eine psychologische Bewertung / Einschätzung des Eigenwertes von sich selbst.
Semantik	Wissenschaft über die Bedeutung der Wörter.
Separator / separieren	Ein bewusst eingesetzter Zustand der Unterbrechung, um eine Person zum Innehalten oder Stoppen einer Sache zu bewegen.
Separator State	Stadium in dem der Unterbrecher zur Anwendung kommt, damit 210e idem210 Person gelingt, sich von einem festgefahrenen Befinden zu dissoziieren.
Six-Step-Reframing	Ein anfänglich in sechs Teilschritten aufgesetztes Modell des Reframing.
SMART-Methode	Dahinter verbirgt sich eine intelligente und clevere Methodik des NLP
So-Als-ob-Rahmen	Ein Verhalten, zur Hilfe beim Überwinden von Blockanden und Ängsten, 210e idem man etwas als geschehen annimmt, obwohl dies in der Realität noch nicht stattgefunden hat.
SOAR-Modell	Eine Abkürzung für State, Operator und Result.
Spiegeln , überkreuzt	Spezielle Form des Spiegelns, als Teil eines anderen Repräsentationssystems oder zur Bewegungsspiegelung wie der Spiegelung des Sprech- oder Atemrythmuses.
Spiegeln (Pacing)	Das Widerspiegeln von Verhaltensweisen eines anderen Menschen, als wie wenn dieser vor einem Spiegel stehen würde.

Statemanagement	Die Eignung den persönlichen Emotionszustand zu beeinflussen, mit dem Ziel, Stress und Ängste zu bezwingen.
Strategien	Darunter versteht man Repräsentationen oder Sequenzen, welche zur Erreichung eines Ziels notwendig sind.
Strategiesequenz	Darunter versteht man eine Verhaltens- und Gedankensequenz, die dabei unterstützt ein angestrebtes Ziel zu erreichen.
Streamlining	Eine Begradigung und Vereinfachung von Strategieprozessen, um ineffizientes Handeln zu vermeiden und die Zielerreichung zu unterstützen.
Stress-Reaktionen	Ein Meta-Programm, welches Information über die Belastbarkeit und Reaktionen in Stresssituationen liefert.
Stuck State	Ein auswegloser Zustand des Statemanagements.
Submodalitäten	Einteilung der Modalitäten nach dem auditiven (alles rund ums Hören) und dem visuellen (alles rund ums Sehen) Systemen.
Suggestion	Ein Stimulus, wie eine bedeutungsvolle Geste oder Aussage, mit dem Ziel, ein bestimmtes Verhalten oder eine bestimmte Erfahrung auszulösen, die eine Veränderung bei der anderen Person verursacht.
Supervision	Eine Reflektion von Prozessen im beruflichen Leben / in der Arbeitswelt.
Supervisor	Ein Supervisor begleitet und berät Unternehmen bei der Analyse von bestehenden Prozessen, bei der Optimierung von Prozessen und Einführung neuer Prozesse.
Swish-Technik	Bei dieser NLP-Technik kommt es zu einem raschen Austausch von zwei inneren Bildern.
Synästhesie	Ein ineinander verkreuztes Netzwerk von Repräsentationssystemen, welche zum selben Zeitpunkt oder hinter einander erlebt werden.
Syntaktische Ambiguität	Eine nicht eindeutige Wortfolge mit der Möglichkeit von mehreren Bedeutungen.
Syntax	Die Lehre über den Satzbau
Systemdynamik	Die Systemkraft, in welcher Bindung, Ordnung und Ausgleich in einer gesunden Balance auftreten.
T.O.T.E.-Modell	Eines der klassischen NLP Modelle der Kybernetik entwickelt von Pribram, Galanter und Miller.

Täter	Eine Ausprägungsform der Rollen-Konstellation in welcher die Rolle die starke Seite verkörpert.
Teile verhandeln	Verhandlungszustand unter den Teilen
Teilemodell	Eine Annahme des NLP, die davon ausgeht, dass ein Mensch mehrere Teilpersönlichkeiten in sich vereint, welche jede für sich ein eigenes Ziel verfolgen.
Through-Time	Eine Ausprägungsform der Zeitline, in welcher der Fokus gleichzeitig auf das Jetzt und dem nächsten Moment liegt.
Tiefenstruktur	Die komplette Betrachtungsweise einer verbalen Mitteilung.
Tilgung	Ein Fehlen von Informationen aus getätigten Erfahrungen in der internalen Repräsentation.
Trance	Zustand während Hypnose; eine Veränderung des Bewusstseinszustands, wobei sich der Fokus nach Innen oder auf nur wenige Reize im Außen richtet.
Tranceinduktion	Darunter versteht man die Einleitungsphase einer klassischen, hypnotischen Trance.
Transderivationale Suche	(auch Abteilungssuche) Eine Methode zum Auslösen eines Suchvorganges bei Patienten.
Transformation	Eine Übertragung eines Satzes aus der Tiefenstrukturebene in die Oberflächenstruktur.
Transformationsmodell	Eine Form der Transformationsgrammatik, welche auf den Erkenntnissen von Noam Chomsky beruht.
Trinergy	Eine neuere Methode zur Förderung der Persönlichkeitsentwicklung und Kommunikation, welche auf die wichtigsten Erkenntnisse des NLP aufbaut.
Tringery-Trainer	Ein Tringery Trainer besitzt den Abschluss der Tringery-Diplomausbildung und ist berichtet sein können im privaten als auch beruflichen Bereich einzusetzen.
Überblick-orientierte Chunkgröße	Eine Ausprägungsform der Chunkgröße bei welcher es primär darum geht einen groben Überblick zu erhalten, bevor die Details betrachtet werden.
Überlastung	Eine Form der Strategieunterbrechung bei welcher ein Mensch zu vielen äußeren Einflussfaktoren wie Gerüchen oder Geräuschen gleichzeitig ausgesetzt ist.
Umlenkung	Eine Form der Strategieunterbrechung bei welcher ein Mensch durch einen Einfluss der Umwelt

Unbewusst	Handlungen welche automatisch, unterschwellig ablaufen.
Universalquantoren	Ein typisches Sprachmuster mit unklaren Zeit- oder Mengenbeschreibungen wie z. B. niemals, stets, alle, jeder, immer
Unterschied	Eine Ausprägungsform des Vergleiches bei welcher das Umfeld ständig unter dem Gesichtspunkt der Veränderung betrachtet wird.
Utilisation	Eine Beschreibung für etwas auswertbar oder nutzbar machen.
VAGKOG Modell	Überbegriff für unsere Sinneskanäle.
Verdrängung	Ein Abwehrmechanismus zum Schutz vor bedrohlichen Einflüssen.
Verfahren	Ein Modell oder eine festgelegte wiederkehrende Methodik, welche im NLP zum Einsatz kommt.
Vergangenheit (orientierte) Zeitorientierung	Eine Ausprägungsform der Zeitorientierung bei welcher der Fokus auf vergangene Ereignisse liegt.
Vergleich	Ein Meta-Programm, welches sich mit der Reaktion auf Veränderung und deren Häufigkeit beschäftigt.
Verhandlungs-Refraiming	Beschäftigt sich mit den Erfüllungsbedingungen zweier Personen, welche konkurrierenden Ergebnisse erreichen möchten.
Verlorener Perfomativ	Ein spezielles Sprachmuster, welches zur Tilgung auffordert. z. B. „Das ist verboten!"
Versöhnungsphysiologie	Eine Form der Physiologie, bei welcher eine Person zu dem Schluss kommt, dass ein spezifisches Problemverhalten nicht ausschließlich aus negativen Gesichtspunkten zu sehen ist, sondern in gewissen Zusammenhängen als essentiell und positiv zu sehen ist.
Verzerrung	Ein Umwandlungsprozess von getätigten Erfahrungen auf unterschiedliche Arten.
Visuell	Einer der fünf Sinneskanäle; Dieser Begriff umfasst alle Themen die sich mit dem Themengebiet des Sehens beschäftigen.
VK-Dissoziation	Ein weit verbreitetes Format, bei welchem der Ursprung auf die Phobienbeseitigung zurückzuführen ist.
Wahrnehmung oder Wahrnehmungsposition (engl. aligned perceptual position)	Die Wahrnehmung ist ein zentrales Element des NLP.

Wahrnehmungsgenauigkeit	Die Fähigkeit Wahrnehmung und Bewertung voneinander unterscheiden zu können und so die Wahrnehmungsgenauigkeit zu maximieren.
Walt Disney Strategie	Eine Kreativstratgie in Form eines Drei-Phasen-Modells nach Walt Disney.
Warum (fokussierter) Lernstil	Eine Ausprägungsform des Lernstiles bei welcher der Hauptfokus auf das Verständnis des Warum und Wieso etwas entstanden oder passiert ist liegt.
Was (fokussierter) Lernstil	Eine Ausprägungsform des Lernstiles bei welcher der Hauptfokus auf dem Begreifen dessen, was genau in einem Prozess passiert liegt.
Was-wenn (fokussierter) Lernstil	Eine Ausprägungsform des Lernstiles bei welcher die kausalen Zusammenhänge einen entscheidenden Faktor spielen.
Weg-Von (ausgeprägte) Motivation	Eine Ausprägungsform der Motivation.
Werte	Persönliche, gelernte Richtlinien wie Freunde, Liebe oder Karriere, welche vor allem im Entscheidungsprozess eine große Rolle spielen.
Wie (fokussierter) Lernstil	Eine Ausprägungsform des Lernstiles bei welcher das Verständnis für den Prozess und nicht der Inhalt im Fokus stehen.
Win-Win Situation	Systemzustand, bei welchem am Ende mehr Werte erfüllt wurden, als am Beginn.
Wirklichkeit	Eine 214ubjective Realitätsvorstellung, welche uns über die fünf Sinneskanäle vermittelt wird.
Wohlgeformtheitskriterien	Kriterien zur leichteren Erreichbarkeit eines gesetzten Ziels.
Wyatt, Woodsmall	Präsident des größten NLP-Dachverbands (INLPTA) und NLP-Mastertrainer mit dem Spezialgebiet des Modelling.
Zeiterleben	Ein Meta-Programm, welches Information über das persönliche Zeiterlebnis vermittelt.
Zeithorizont	Das Ende der Zeitlinie, an welcher eine Person keine weiteren Visionen und Zukunftsbilder mehr entwickeln kann.
Zeitlinie / Timeline	Engl. Time-Line; Eine Anordnung, im räumlichen Sinn, unserer Erfahrungen wie Emotionen, Bilder, Geräusche aller Zeithorizonte.

Zeitloch	Ein Gap oder bestehendes Zeitfenster, in welcher es einer Person nur mit großen Anstrengungen, oder oftmals auch gar nicht gelingt, sich Bilder von einer Person, einem Ding oder einer Sache zu machen.
Zeitorientierung	Ein Meta-Programm, welches sich mit dem Zeitaspekt des persönlichen Fokus beschäftigt.
Zielphysiologie	Eine zielorientierte Physiologie, welche eine Person entwickelt und sich für die Zukunft vorstellt.
Zukunft (orientierte) Zeitorientierung	Eine Ausprägungsform der Zeitorientierung mit einer großen Vision im Fokus.
Zustand	Die Gesamtheit aller Prozesse des Menschen, welche sich mit dem Nervensystem und der Gehirnfunktion, zu einem bestimmten Zeitpunkt beschäftigen.

ANHANG

X.1 Wissenschaftliche Studien

Ihre ZHI Trainer hinterfragen stets kritisch die Glaubenssätze und Verhaltensmuster ihrer Mitmenschen und bei sich selbst. Wir sind Skeptiker aus Überzeugung und unser Bestreben ist es, noch einfachere und vor allem bessere Wege zu finden, wie wir unser Leben einfacher und wertvoller machen können. Natürlich ist es gerade bei der Mentalarbeit und Kommunikation schwierig, von einer Wissenschaft zu sprechen, da selbst trotz umfangreicher Statistiken jede menschliche Erfahrung stets subjektiv bleibt. Darum ist unser Ziel, dir möglichst unterschiedliche Methoden an die Hand zu geben, damit du für dich selbst prüfen kannst, welche davon am besten für dich funktionieren. Dies ermöglicht uns, immer wieder neue Lösungswege für altbekannte Probleme zu finden und dadurch bleibt ZHI niemals stehen: mit jedem Workshop und Einzeltraining entwickelt sich unser Modell dynamisch weiter und wird besser. In unseren Seminaren nutzen wir möglichst viele wissenschaftlich anerkannte Methoden und Inhalte, die wir auch mit entsprechenden Quellenangaben belegen können. Im Falle neuer

Techniken, die noch nicht wissenschaftlich bewiesen wurden, verweisen wir auf diesen Umstand und auch auf den Punkt, den wir schon weiter oben angesprochen haben: jede Form der menschlichen Kommunikation (sei es nun mit Ihnen selbst oder anderen) erfordert von Ihnen, dass Sie selbst prüfen, was funktioniert und was nicht.

Das Gute daran wird dir wahrscheinlich gerade bewusst. Es liegt gänzlich in deiner Hand, wie einfach und erfolgreich du dein Leben gestaltest. Wir zeigen die Methoden, die du dafür brauchst. Anwenden kannst du sie nach unseren Seminaren selbst. Das ist auch unser langfristiges Ziel und der Grund dafür, wieso wir nicht fünfzehn Vertiefungskurse anbieten sondern immer nur drei Stufen: vom Anfänger zum Fortgeschrittenen zum Profi.

Hier findest du wissenschaftliche Studien (mit Quellenangaben), die die Wirksamkeit von NLP, Hypnose und angrenzenden Methoden untersuchen. Beispielhaft findest du hier also einen kleinen Teil der wissenschaftlichen Literatur, die in unseren ZHI-Ausbildungen und Produkten eingebettet ist:

- Anderson, N. H. 8: Barrios, A. A. (1961): Primacy effects in personality impression formation. The Journal of Abnormal and Social Psychology, 63.
- Baddeley, A. D. 8: Hitch, G. (1993): The recency effect: implicit learning with explicit retrieval? Memory 8: Cognition, 21.
- Bandler, Richard / Grinder, John: The Structure of Magic Vol. 1+2 Science and Behaviour Books, Palo Alto, 1975.
- Bandler, Richard und Grinder, John: Patterns of the Hypnotic Techniques of Milton H. Erickson, M.D. Part 1+2 Meta Publications Cupertino, California 1975.
- Bauer, J. Warum ich fühle was du fühlst. 2006. München: Heyne Verlag.
- Borchardt, A. (2006): Koordinationsinstrumente in virtuellen Unternehmen, Wiesbaden.

- Bunkley, N. (March 3, 2008), „Joseph Juran, 103, Pioneer in Quality Control, Dies", New York Times.
- Das Drama Dreieck
- Die Bedürfnispyramide nach Maslow
- Dilts, R. Die Veränderung von Glaubenssätzen. 1990. Paderborn: Junfermann.
- Dilts, R. Professionelles Coaching mit NLP. 2005. Paderborn: Junfermann.
- Dr. Revenstorf, D. Hypnose und Hypnosetherapie. 1993. Psychologisches Institut der Universität Tübingen.
- Eggetsberger, G. Hypnose – Die unheimliche Realität. 1992. Wien: Perlen-Reihe (Band 424).
- Ehrlinger, J., Johnson, K., Banner, M., Dimning, D. 8: Kruger, J. (2008): Why the unskilled are unaware: Further explorations of (absent) insight among the incompetent. Organizational Behavior and Human Decision Processes.
- Ekman, P. Gefühle lesen. 2. Auflage 2010. Heidelberg: Spektrum Akademischer Verlag.
- Ekman, P. The Nature of Emotion. 1994. New York: Oxford University Press.
- Galbraith, J.R. (1998): Designing the networked organization, in: Mohrmann, S.A. / Galbraith, J.R. / Lawler, E.E., III. and Ass. (Hrsg.): Tomorrow's organization. Crafting winning capabilities in a dynamic world, San Francisco.
- Giacomo Rizzolatti, Corrado Sinigaglia: Empathie und Spiegelneurone: Die biologische Basis des Mitgefühls. Frankfurt a.M.: Suhrkamp, 2008.
- Gilovich, T., Medvec, V. H. 8: Savitsky, K. (2000): The spotlight effect in social judgement: An egocentric bias in estimates ofthe salience of ones own actions and appearance. Journal of Personality and Social Psychology.
- Gouldner, A.W. (1959): Reciprocity and Autonomy in Functional Theory, New York.
- Grochowiak, K. Die Logischen Ebenen, 1998
- Hodgson, G. Sidney Gottlieb. The real Manchurian Candidate. 11. März 1999 in: The Guardian.

- Knop, R. (2009): Erfolgsfaktoren strategischer Netzwerke kleiner und mittlerer Unternehmen, Wiesbaden.
- Kreutzmann, R. Sonder-Edition: Farben & Kleidung. 2000. Online-Publikation im Eigenverlag.
- Localised learning and industrial competitiveness, Maskell/Malmberg 1999.
- Lubow und Gewirtz (1995). Latent inhibition in humans: data, theory, and implications for schizophrenia. Psychological Bulletin.
- Mayer, H. O. (2005): Einführung in die Wahmehmungs-, Lem- und Werbepsychologie (Kap. 5). München: Oldenbourg.
- Mayrhofer, Wolfgang (2002): Motivation und Arbeitsverhalten In: Kasper Helmut; Mayrhofer Wolfgang (Hg.): Personalmanagement – Führung – Organisation (3., völlig neu bearbeitete Auflage). Wien: Linde Verlag.
- Moine, D. und Lloyd, K. Unlimited Selling Power: How to Master Hypnotic Selling Skills. 1990. New York: Prentice Hall Press.
- Moreland, R. L. 8: Beach, S. R. (1992): Exposure effects in the classmom: The development of qffnity among students. Journal of Experimental Social Psychology, 28.
- Moreland, R. L. 8: Zajonc, R. B. (1982): Exposure effects in person perception: Familiarity, similarity, and attraction Journal of Experimental Social Psychology, 18.
- Redden, J. P. (2008): Reducing Satiation: The Role of Categorization Level _ Journal of Consumer Research, 34.
- Ripperger, T. (1998): Ökonomik des Vertrauens: Analyse eines Organisationsprinzips, Tübingen.
- Sacks, O. Awakenings. 1999. New York: Vintage Press.
- Sheila O. und Schröder, L. Superlearning 2000. 2007. New York: Dell.
- Situational Leadership Theory, Paul Hersey und Ken Blanchard (1969, 1977, bzw. Blanchard 1985)
- Spreitzer, G. (2007). Taking Stock: A review of more than twenty years of research on empowerment at work. In C. Cooper, & J. Barling, The Handook of Organizational Behaviour. Sage Publications.
- Sydow, J. (2006): Management von Netzwerkorganisationen, Wiesbaden.

- Thorndike, E. L. (1920): A constant ermr on psychological rating. Journal of Applied Psychology, 4.
- Williams, P. (2002): The competent boundary spanner, in: Public Administration, 80 (1).

X.II Über die Autoren

Der gebürtige Wiener **Mag. Benedikt Ahlfeld** ist seit über 15 Jahren im Bereich der Persönlichkeitsentwicklung tätig und legt einen besonderen Schwerpunkt seiner Ausbildung auf selbst-bestimmte Entscheidungen für ein Leben nach eigenem Standard. Er ist mehrfacher Bestseller-Autor und im Gegensatz zu den meisten anderen Trainern erlangte er einen anerkannten akademischen Abschluss: den Magister der Sozial- und Wirtschaftswissenschaften. Der Fokus seines Studiums auf Change-Management (Veränderungsprozesse im Unternehmen) ermöglicht effektive Veränderung, die wissenschaftlich fundiert ist. Nicht ohne Grund arbeiten ATX Vorstandsvorsitzende, Spitzensportler, Studenten, Ärzte, Unternehmer, Pädagogen, Top-Manager, Therapeuten und Weltmeister mit ihm. Schon mit seinem 18. Lebensjahr machte er selbstständig und baute 2007 mit ZHI ein Unternehmen auf, das sich bis heute durch Qualität und Praxisnähe auszeichnet.

Mehr Inspiration auf: www.BenediktAhlfeld.com

Mag. Michaela Forstik hat Psychologie an der Universität Wien studiert und hat es sich zur Leidenschaft und Berufung gemacht, Menschen dabei zu unterstützen viel Gespür für sich selbst zu entwickeln. Dabei liegt ihr Fokus speziell auf erfüllten Beziehungen – im romantischen, freundschaftlichen, beruflichen und familiären Kontext. Nach anfänglicher Karriere in der Wirtschaftspsychologie hat sie sich komplett der Persönlichkeitsentwicklung verschrieben. Sie bringt ihr psychologisches Fachwissen sowie ihre persönliche Erfahrung in Kombination mit den praxiserprobten NLP – und Hypnosetechniken mit in den Coachingprozess ein.

Mehr Inspiration auf: www.RelationshipWith.me

X.III Unser Angebot für dich

Du willst NLP aus der Praxis für die Praxis lernen? Entfalte dein Potenzial mit einer wissenschaftlich fundierten NLP Ausbildung bei ZHI. Finde heraus, warum du bisher schon in vielen Situationen Erfolg hattest und wie du das in Zukunft gezielt wiederholen kannst.

Was du von einem Training bei ZHI erwarten kannst

- Nutzen deine *volle* innere Kraft und lerne, wie du...
- bessere Entscheidungen triffst.
- dich von der sozialen Programmierung löst.
- zurück zu den eigenen Werten findest.
- schlechte Angewohnheiten ablegst.
- einfach mehr Lebensqualität hast.

Die Macht der Entscheidung

Das eine oder andere Mal hast du jetzt genickt und dich wiedererkannt? Viele Menschen werden dies lesen und dann das gefährlichste Wort der Welt benutzen: *später*.

Nur ein paar Prozent sind jene, die vom Denken, vom Jammern, vom Hoffen, vom Planen, vom Vornehmen ins Handeln kommen. Auch wenn du nichts zu verlieren hast und der erste Schritt vielleicht nicht einmal ein Risiko in sich birgt, bleibt es beim Gedanken. Wenn du zu der Handvoll Menschen gehörst, die anders sind oder du zumindest den tiefen Wunsch hast, anders zu sein, dann mache den ersten Schritt und starte noch heute ein Leben nach eigenem Standard:

> **Melde dich JETZT an: www.ZHI.at**

Völlig **kostenloses Material** erhältst du zusätzlich, indem du dich für den **Coaching Brief** einträgst: **www.ZHI.at/coachingbrief**

Ebenfalls findest du über meine **Facebook-Fanseite** viele spannende Informationen zum Thema NLP und Leben nach eigenem Standard: **www.facebook.com/www.ZHI.at**

Buchempfehlung: Körpersprache & NLP

Erfolgreich nonverbal kommunizieren

Die Art, wie du denkst, beeinflusst deinen Körper. Wie du deinen Körper nutzt, beeinflusst deine Art zu denken. Bist du bereit, die bestmögliche Wirkung auf dein Gegenüber und auch für dich selbst zu erzielen? Verbale Kommunikation beschäftigt sich mit dem Ausdruck unserer Gedanken, nonverbale Kommunikation behandelt den Eindruck, den wir hinterlassen. Das was wirklich bei deinem Gegenüber  ankommt. Dieses Buch wurde für dich geschrieben, wenn du in einem deiner Lebensbereiche mit Kommunikation zu tun hast. Natürlich wird dir schnell auffallen: Leben ist Kommunikation.

 Das ist auch logisch, denn du kannst nicht nicht kommunizieren. Die Frage ist vielmehr: Was willst du kommunizieren? Um sicherzustellen, dass deine Botschaft ankommt, sollte das Hauptaugenmerk auf dem nonverbalen Eindruck liegen – immerhin macht dieser 95% der Kommunikation aus! NLP & Körpersprache deckt inhaltlich eine Einführung in einen NLP-Practitioner ab und bietet mehr als zwanzig Übungen, die du sofort durchführen kannst. Lerne die praktische Anwendung im Beruf, dem privaten Alltag und beim Flirten von:

- Rapport und ankern
- Repräsentationssysteme und Submodalitäten
- Meta- und Milton-Modell
- Reframing und Verhaltensstrategien
- Werte und Glaubenssätze
- Trance und Gesprächshypnose

Wenn du selbst bestimmen möchtest, wie du auf andere wirkst und auch in bester Erinnerung bleibst, ist dieses Buch genau das Richtige für dich.

Jetzt bestellen auf www.KoerperSprache-NLP.com

Buchempfehlung: Manipulationsmethoden

Erfolgreiche Gesprächsführung, Mittel der Rhetorik und Schutz vor gezielter Beeinflussung

Wie schaffen es manche Menschen, andere scheinbar mühelos zu beeinflussen? Wie kannst du deine Rhetorik perfektionieren, um deine Ziele schneller zu erreichen? Manipulations-Methoden ist ein praxisnahes Handbuch der effektiven Gesprächsführung. Das KGS (Körper – Gestik und Gesicht – Stimme und Sprache) Prinzip wird dich auf allen Ebenen der Beeinflussung überzeugen und das MPP (Meta-Programm-Profil) wird dich dazu befähigen, in wenigen Minuten ein komplettes Charakterprofil deines Gesprächspartners zu erstellen. Damit lernst du schnell und sicher, gezielt zu beeinflussen und kannst dich selbst vor Manipulation schützen.

- Wie lassen sich Menschen manipulieren?
- Welche Manipulationstechniken funktionieren wirklich?
- Ist die Manipulation von Menschen ohne deren Kenntnis überhaupt möglich?

Du lernst in diesem Buch unter anderem:
- Ein 6-Phasen-Modell, mit dem du Manipulationsversuche entlarven und dich vor ungewollter Beeinflussung schützen kannst.
- Techniken aus der Praxis, die Menschen emotional stark binden und zu neuen Handlungen motivieren: regelmäßig eingesetzt in der Werbung, den Medien und der Politik.
- Wie du die Macht der Farben für dich nutzbar machst und welche Wirkung hinter welchen Farben steckt. Enthülle ein echtes Geheimnis der subbewussten Kontrolle.
- Zudem erfährst du alles Nötige über Körpersprache, Mikromimik, Gruppendynamik und Wertesysteme, um auch mit mehreren Menschen gleichzeitig völlig unerkannt zu arbeiten.

Der Autor gibt dem Leser damit ein Nachschlagewerk für den täglichen Gebrauch an die Hand. Mit den rhetorischen Mitteln, erklärenden Grafiken und witzigen Metaphern wirst auch du innerhalb kürzester Zeit verblüffende Ergebnisse erleben:

Jetzt bestellen auf www.ManipulationsMethoden.com

QUELLENVERZEICHNIS

i Society of Neuro-Linguistic Programming™, Zugriff am 2017-01-21, http://purenlp.com/society.html

ii Bauer, J. *Warum ich fühle was du fühlst*. 2006. München: Heyne Verlag.

iii Landsiedel Seminare, Zugriff am 2017-01-21, http://www.landsiedel-seminare.de/nlp/nlp-lexikon/nlp-lexikon-s.html#submodalitaeten

iv Sheila O. und Schröder, L. *Superlearning 2000*. 2007. New York: Dell.

v Dilts, R. *Die Veränderung von Glaubenssätzen*. 1990. Paderborn: Junfermann.

vi s. dazu die Endnote v

vii Grochowiak, K. *Die Logischen Ebenen*.1998.

viii Ahlfeld, B. *Körpersprache und NLP*, 2010, Wien: ZHI Consulting.

ix NLPedia, Zugriff am 2017-01-21, http://nlpportal.org/nlpedia/wiki/Elizitieren

x Eldon, T. *Mind-Programming*. 2009. New York: Hay House.

xi Grzeskowitz, I. und Wehner, A. *Träume leben!*. 2009. Norderstedt: BoD.

xii Moine, D. und Lloyd, K. *Unlimited Selling Power: How to Master Hypnotic Selling Skills*. 1990. New York: Prentice Hall Press.

xiii Bandler, Richard / Grinder, John: *The Structure of Magic Vol. 1+2* Science and Behaviour Books, Palo Alto, 1975

xiv s. dazu die Endnote xiii

xv Grochowiak, K. Das NLP - Practitioner Handbuch,

xvi NLP Portal, Zugriff am 2017-01-21, http://nlpportal.org/nlpedia/wiki/Miltonmodell

xvii Feustel, B. und Komarek, I. *Das NLP-Trainingsprogramm*. 2006. München: Südwest Verlag.

xviii „Ansagen aus dem Cockpit", Spiegel Online, Zugriff am 2017-01-21, http://www.spiegel.de/reise/aktuell/a-582710-5.html

xix Dilts, R. *Professionelles Coaching mit NLP*. 2005. Paderborn: Junfermann.

xx O'Connor, J. *NLP - das WorkBook*, 2014. Kirchzarten bei Freiburg: VAK.